叢書・ウニベルシタス　934

プレソクラティクス

初期ギリシア哲学研究

エドワード・ハッセイ
日下部吉信 訳

法政大学出版局

Edward Hussey

THE PRESOCRATICS

Japanese translation rights arranged
with Gerald Duckworth & Co., Ltd., London
through Tuttle-Mori Agency, Inc., Tokyo.

目次

序　v
第1章　序論　1
第2章　ミレトスの哲学者たち　13
第3章　ヘラクレイトス　41
第4章　ピュタゴラスと西ギリシア　83
第5章　パルメニデスとゼノン　107
第6章　ソピストたちの時代　149
第7章　パルメニデスからデモクリトスにいたる宇宙論　175
第8章　結び――プレソクラティクスの研究　207
訳者あとがき　217
研究ノート　(9)
索引　(1)

序

本書の狙いは読者をギリシアについてのどのような予備知識も前提とせずにおよそ前六〇〇年から前四〇〇年の間の古代ギリシアの哲学の歴史に案内することである。本書が取り扱う個々の哲学者の大多数は伝統的に「プレソクラティク・フィロソファー」（「ソクラテス以前の哲学者」）という標記のもとに論じられてきた。本書のタイトルはここからきている。しかし本書は必ずしもそのように標記されてきた人々の活動にのみ限定するものではない。彼らについての包括的な像を描き出すにはギリシア世界の外からの知的な刺激やギリシア内部の経済的、社会的変化といったバック・グラウンドに彼らを突き合わせることが必要である。また幾何学、天文学、医学といった特定の学の発達から目を離さないことが必要である。そしてまたプレソクラティクスの革新と、前五世紀末のソピストの時代のより一般的な心的エネルギーの爆発との間の関係を辿ることが必要である。この程度の書物においては多くの部分がただ素描されるのみで済まされざるをえない。哲学と科学の発展にとってより重要と思われたものにわたしはより丹念な論述を心掛けた。多くの重要な問題に関して直接の証言が欠けているということがこの種のいずれの書にとっても厳しい制約である。いくつかの箇所でわたしは、直接の証言によってはほとんどサポートされない思弁であっても、それにスペースを割くことが正当であると考えた。他方、与えられている解釈はただのひとつも現存する証言と両立しないものはない。しかしわたしは専門家にのみ属するような細かい論争に読者をさらすことはしなかった。そしてしばしば異論の存在に言及することすらしなかった。それらは「研究ノート」にリストアップされた書物や論文の中に多量に見出されるであろう。

本文の中に取り込まれている言及は引用されたり仄めかされたりしている古代の出典のより重要なものに対してである。これらの言及はある体系に基づいて与えられているが、それは「研究ノート」において説明されている。古代の出典の短い説明は第8章に見出されるであろう。

第1章　序　論

「プレソクラティクス」というのは、ソクラテスの時代よりも後に生きたのではなく、また彼によって決定的に影響されたのでもない、あるギリシアの哲学者たちをグループ化することを可能にするために作り出された表現である。これ以外にこのグループが何を共有するかは直ちには明らかでない。彼らは時に「最初の哲学者」とか「最初の科学者」と呼ばれることもあるが、これらの表現は人を迷わせる。「科学」と「哲学」が別々に見分けできる活動として、また世界についての異なる思考様式として生まれたのはようやくプレソクラティクスの時代の終り頃になってである。プレソクラティクスのグループをこのように一体のものとしているのはむしろ、科学と哲学を相互に異なる別個の思考様式として分離させるにいたった思想の動向にこれらの人々すべてが巻き込まれていたからである。

この思想の動向はその始まりも終わりも明らかでないが、「プレソクラティクス」を必ずしも不自然な分類にしないための便利な切れ目が二つある。後代の切れ目はソクラテスと彼の弟子に結びついた思想上の革命であるが、初期のものは情報の欠如のためによりミステリアスであり、叙述するのは容易でない。前六世紀前半のある時、小アジアのギリシア人都市ミレトスにおいて、それまでギリシアでは知られていなかった方法で、そしてまたあらゆる可能性からして近東のより古い文明から伝えられた観念に影響されて、宇宙について理論的に考え始めた人たちがいた。ミレトスの哲学者たちは次章で扱うが、ここで彼らが生まれ育った世界について若干のことを言っておかねばならない。

ミケーネ文明の崩壊とそれに伴う初期鉄器時代の混乱はギリシアに物質的、文化的貧困の時期をもたらした。この「暗黒の時代」の初期、おそらく前一〇〇〇年頃、小アジアの東沿岸部は、沖合の島嶼も含めて、ギリシア本土からの移住者によって植民された。この海岸線の最も北の部分を占拠した人々はアイオリス方言を話し、南の人々はドリス方言を話した。そしてその中間の北から南までのおよそ一〇〇マイルに及ぶ領域にイオニア方言を話すギリシア人が定住した。この最後の殖民者のグループが「イオニア人」として言及されるようになり（厳密に言うと、ギリシア本島の幾分かもまたイオニア人であった）、これらのアジアの海岸線が「イオニア」と呼ばれるようになった。プレソクラティクスの哲学が始まったのはこのイオニアにおいてであり、プレソクラティクスとしてカウントされる哲学者のほとんどすべてが生まれないし家系からしてイオニア人であったことは注目に値することである。

前十世紀ないし前九世紀のギリシア世界には視覚芸術の優れた技能はほとんど見られなかった。また独創性も卓越性もなかった。歴史としては、職業的な歌い手たちによって保存され、朗詠されたミケーネ時代の王侯たちの所業の物語があった。この時代のギリシア人たちは輝かしい過去からおそらく回復不能なまでに頽落してしまったとの想いをもって過去を見ていたに違いない。彼らの政治体制はホメロスの詩の中に反映されているように思われる。すなわち、戦いにおいて彼らの民を導き、正義を執り行う小規模な王侯たちの群像のそれである。彼らの富は土地の所有権から得られたものであり、彼らは他の王家の侵害に対して戦った。ギリシア人の宗教と神話は、再構成しうる限り、なお基本的にミケーネ的であった。もっともミケーネ時代においてすら、東洋的な要素と結びついていたが。後代においてはなお一層そうである。アルカイック時代のギリシア神話は、もっと初期の近東のより古い文明の思索の中に見られたような、あのような広い宇宙生成論的、宇宙論的思弁は持っていなかった。それはさまざまな神々の個性とか彼らの特徴的な活動や活動範囲にもっぱら焦点を当てたものであった。はっきりとした輪郭と明確な境界線への愛好がこの時期のギリシア芸術の中に見られる。

考古学的証拠から、イオニアにおいては前八世紀はなお強化統合の時代であったことが知られる。ギリシア人とバルバロイ（異民族）の相互交流は多くはなかった。生み出された工芸品は、近東はもちろんのこと、ギリシア本島の同時代のものに比しても、それほど優れていない。しかし、前七〇〇年頃から決定的な変化、もしくは相互に関連した一連の変化が起こった。変化の原因はギリシア世界のいたるところで生まれていたが、結果はイオニアにおいて特に顕著であった。

最も明らかな変化の兆しは外国貿易の急激な増加である。領土拡大は後背地のリュディア王国の勃興によって阻まれたが、イオニア人たちはミレトス市を先頭に今や東地中海全域において強力に貿易を始め、好ましい場所に植民地を建設し始めた。これと共に外に向かって自らを表現する一般的傾向も明らかになってきた。ギリシア人たちは、少なくとも視覚芸術において、他の文化の技能と概念を吸収することができるということを、そして彼ら自身きわめて上質のオリジナルな作品を創り出すことができるということを示し始めた。この時期は、その産物が発掘によって回収されうる技術の場合、バルバロイが先生で、ギリシア人は一般に覚えの早い生徒であった。このことは、文化のより物質的でない点においても非ギリシア的影響を予想することを正当化している。

前七世紀と前六世紀の好奇心に富んだイオニア人の探査に役立ったバルバロイたちははっきりとした対照的な個性を持つ人々であった。「バルバロイ」というのはたいていは「非ギリシア的」というほどの意味であって、「野蛮」という意味ではない。イオニア人たちは彼らの文化の多様性と特定の学識に深い感銘を受けた。これらの隣人たちについて、そして彼らがギリシア哲学の始まりに寄与すべき何を有していたかについて、手短に説明をしておかねばならない。

黒海の北のスキタイが前七世紀を通してイオニア人によく知られるようになった。彼らはここで言及しておく価値がある。というのは、彼らの間にはシャーマニズム的な信仰とその実践の証拠があるからである。ピュタゴラスや他の前六世紀のギリシア人について記録しているもののいくつかが、彼らがシャーマニズムの知識を獲得したのは多分スキタイとその隣のトラキアを通してであったことを示していることは今や確かであるように思われる。小アジアにおいてはリュディアとその隣人のプリュギアの方が接近しやすかったが、彼らの寄与は多くはなかった。これら二つの王国はその莫大な富と奢侈《しゃし》によってイオニア人に強い印象を与えたが、音楽の新しい形式以外にはギリシア人は貨幣の使用を彼らから学んだだけである。貨幣は前六〇〇年頃にリュディア人によって初めて鋳造されたのである。

前七世紀を通してアッシリアは近東における最大の勢力であった。ペルシアの台頭以前の前六世紀の最初の三分の一世紀はバビロニアであった。イオニア人たちは、他のギリシア人と共に、これらの帝国の諸地域と商取引を行った。彼らの芸術は紛れもなくそういった接触によって大いに刺激されたのである。それらは都市文明と読み書き能力が（一定の階層に限られるが）すでに何世紀も前に勃興していた地域であった。もしいずれかであるとするなら、ここにこそ知的な受胎の源を見出せると期待されるかも知れない。実際、数学と天文学と神々や世界の起源についての物語において、ある程度の見込みをもって、それらは見出されるのである。

バビロニアの数学的知識は前一六〇〇年頃にその最高レベルに達していたことが証明される。そしてそれは一〇〇〇年以上の間、明らかに停滞したままそのレベルに留まっていた。その実践者たちは実際的な問題の解決を見出すための手順の収集という数学の概念から自らを解放することが決してなかったのである。結果として、真の数学の生命ともいうべき特定の問題からの抽象の可能性は決して見られなかった。ギリシアにおけるその発達とのコントラストは印象的であり、教訓的である。この分野においてギリシア人たちは、バビロニアからの借用によって始めたにせよ、そうでないにせよ(借用というのはもっともらしいが、しかし証明できない)、彼らは二〇〇年の間(前五〇〇年から前三〇〇年の間)に公理、定理、定義、証明の概念を生み出すことによって、純粋数学の二つの分野、基礎的数論とユークリッド幾何学を発達させたのである。

バビロニアの天文学は儀式と占いの目的で天体を体系的に観察することから始まったデータと思われるが、経験的なデータの膨大な集積を前六〇〇年まで蓄積していた。そして天体現象を支配する単純な規則を数多く発見した。これらの規則は予言をプロデュースするために未来に対しても適用されたであろう。バビロニアの天文学的知識がギリシアに伝わったのかどうかは必ずしも明らかでなく、議論のあるところである。しかしこれはプレソクラティクスの研究においては避けることのできない問題である。もし前六世紀に何らかの伝播があったことが立証されるなら、これは単に前六世紀の幾人かのギリシア人が(したがって初期のプレソクラティクスであることは大いにありうるが)天文学に関心を持っていたことを示すものとして重要というだけでなく、前六世紀のギリシアの宇宙論もまたバビロニアに何がしか負っているということがそれだけ一層ありそうになるという点からしても、重要である。これらの問題は次章で考察されるであろう。

フェニキア人とこれに関連したシリア沿岸部の人々は古代近東においてしばしば十字路に比せられてきた位置を占めていた。バビロニアの多くの影響がこの地域を通ってギリシアに伝えられたに違いない。この地域に彼らは前九世紀から貿易商人や冒険家として姿を現した。フェニキア人とカナン人のオリジナルな貢献について判断するのはかなり困難な問題であるが、多くの視覚芸術における彼らの技量がギリシア芸術を豊かにしたことは確かであり、ラスサムラで発見された石版は本来のカナン人の神話と伝説の蓄えを示している。初期のプレソクラティクスに直接に影響した思想上の動きがこの時期のフェニキアにあったかも知れない。このことは、現在の知識の段階では、そうだとも、そうでないとも言えないが、しかしフェニキアの宇宙生成論（第2章参照）とこの章の後半で指摘されるであろうより一般的な考察から、ある程度の支持を得る。アルファベットをギリシア人は明らかにフェニキア人に負っているが、それはそれ自体イオニアとギリシア全般にとってきわめて重要な革新であった。これについても以下で論じる。

最後にエジプト。この特異な国はギリシア人の想像力をかきたて、エジプトは他のあらゆる国にまさって古代の知恵の宝庫であるという固い信念をギリシア人に抱かせた。にもかかわらず、また前七世紀と前六世紀に多くのイオニア人やその他のギリシア人が商人や傭兵としてエジプトを訪れたにもかかわらず、立証可能な文化的負債は、エジプトの影響が大きかった視覚芸術の分野以外では、微々たるものであった。数学と天文学は、エジプトにおいては、バビロニアよりもレベルが低かった。医学の発達はもっと高度であり、医学上の知識がギリシアに伝えられたことはありうる。バビロニアと同様、エジプトにも神学的、宇宙生成論的思弁があったが、それは明らかに同じ主題に関するバビロニア人の考えによってしばしば影響されたものであった。

前七世紀と前六世紀初頭のイオニアの地平のこの短い展望にイラン系の人々、メディア人とペルシア人について何ほどかのことを付け加えねばならない。これらの人々は前六世紀に勢力を糾合して現在イランがあるところから急速に西方へ勢力を伸ばし始め、前五四〇年までに彼らは、沿岸部のギリシア諸都市を含め、小アジア全体の盟主となった。そしてバビロニア帝国とリュディア王国をその過程で滅ぼしてしまった。彼らは前五五〇年以前にはイオニア人にはほとんど知られていなかったに違いないということを記憶しておくことが重要である。イオニア人たちはこの奇妙な新しい盟主に魅せられた。広大な帝国の周辺部を形づくることは彼らにとって新しい経験であった。その上、イラン人たちは伝統的でもあれば新しくもある神々に関する彼ら独自の考えを持っていた。前六〇〇年頃に生きたと思われるゾロアスターは伝統的なイランの宗教を彼の個人的な啓示の光のもとに再解釈し、単純で穏健な一神教を案出した。彼の教えは成長期のペルシア帝国全域に広まり、前六世紀の終わりにはダレイオス王自身、彼の碑銘にゾロアスター教に対する信仰告白を記している。それゆえ、イランの宗教が前六世紀後半のイオニア人の多くにとって身近でもあれば魅力的でもあったという可能性は大いにありうることである。イランの影響はバビロニアやその他のいずれの影響よりもイオニアの哲学にとって決定的かつ重要だったかも知れない。けれども、初期のイランの宗教についての証言の大部分が、この宗教が多くの変化を蒙り、逆にギリシアの影響を受けるようになってから書かれたはるか後代のテキストからなっているということは覚えておかねばならない。それゆえ初期のギリシア思想の中にイラン人の影響を見出したと主張することは大いに注意を要することなのである。

初期イオニアのギリシア人たちは、彼らが見た他の文明と比較して、自身の新米さ、未熟さ、功績のなさを意識して苦しまざるをえなかった。しかしこれは彼らが外国の影響に圧倒されたということを意味するものではない。視覚芸術のいくつかにおいて彼らの徐々の進歩を辿ることが可能であるし、またあらゆるところでギリシアの芸術家たちは、他の文化が提供するものを吸収して、彼ら自身のオリジナルなものを創り出すことに成功したことを観察することができる。詩においては外国の影響はまったく問題にならない。ホメロスの叙事詩『イリアス』と『オデュッセイア』はたぶん前八世紀に伝統的なギリシアの素材から一人ないし二人のイオニアの詩人によって作られたものである。それらは前七〇〇年までにすでにきわめて高度な技術的完成度を具えた偉大な詩をイオニア文化が生み出すことができたことを示している。この時までにギリシア文学は完全にギリシア以外の何ものでもなくなっていたし、またそうあろうともしていなかったことはすでに明らかであった。初期のプレソクラティクスの外国からの借用を考える場合も、これらのことすべてが当てはまる。

もしイオニアが前七〇〇年にすでに文化的個性を持っていたとするなら、このことは次の一五〇年の間になお一層真実になった。貿易の拡大と植民の始まりということが先に言われた。これらの変化は必ずしも明らかでない仕方で他のことと結びついていた。アルファベットの出現、政治的発展（これは世界史における新しい何事かであった）、都市国家精神の勃興、そして物事への自覚と知性の適用の一般的増大などである。これらすべての変化はプレソクラティクスの哲学の始まりを説明するのに重要である。それぞれについて何ほどかのことを述べておかねばならない。

フェニキア人とその他の北方のセム系の人々は前二〇〇〇年をはるか遡る以前からアルファベットを使用してきた。ギリシア語のアルファベットはたぶん定期的な商業上の接触が確立された前八〇〇年からそう遠くない頃にフェニキアから採用された。しかしアルファベットの使用は、次の世紀には、いずれのギリシアの領土においても一般的になったようには思われない。ギリシア語のアルファベットは最初は記録を取るために商人によってのみ使用されていたように思われる。おそらくしばらくは商取引上の秘密であったろう。しかし前七〇〇年までにそれは生活の他の分野においても重要になった。わたしたちが知るような『イリアス』や『オデュッセイア』は著述ということによって可能になる標準的なテキストの概念なくしてはほとんど考えられない。ヘシオドスやアルキロコスや初期抒情詩の高度に個性的な詩はなおさらである。(散文作品は前六世紀まで出現していない。最初のプレソクラティクスとシュロスのペレキュデスのそれが最初である。)さらにもうひとつの開かれた可能性は、法の合理化、標準化、公刊のそれである。これはギリシアの政治的発展にとって重大な、おそらく決定的な要因であった。それはまたプレソクラティクスにとっても重要であった。

ギリシア諸都市の政治的発展は広汎なアウトラインで辿ることができる。というのは、多くの都市においてそれは明らかにきわめて似通ったものであったに違いないからである。前八世紀までに王家は一般にその力の大部分を失い、小グループの貴族に移って行った。次いで、次の二世紀の間に貴族たちの地位は商業上の富の増大と重装歩兵の戦闘スタイルの導入によって侵食された。それらが都市において増大する貴族以外の裕福な市民層に決定的な力を与えたのである。重装兵市民（必要とされる一揃いの重い甲冑を揃える余裕のある人々）は通常その時々にクーデターを敢行し、彼らの協力によって支配権を確立したひとりのリーダーを支持することによって政治的な力を獲得した。この種のリーダーの標準的な名称は「僭主」（τύραννος）であった。ただしそれは、その後それが獲得するにいたった不吉な言外の意味はその当時は持っていなかった。僭主は前七世紀にギリシア本土に現れ始め、イオニアにおけるその出現はたぶん二、三〇年後である。

前七世紀の成文法の出現は政治的進化のこの段階に自然に伴ったものである。王制や貴族制においては法は書かれず、受け継がれた伝統を参照しつつ世襲の統治者によって施行されていた。この種の司法は商人の要求に合致しないことが分かってきたのであろう。彼らは財産や契約を統べる明確でより精巧な法典を求め始めていた。しかしとりわけこの種の司法は生得権として裁判を行う者たちの手に無制限な力を握らせた。僭主の時代は立法者の時代でもある。しばしばひとりの人物が両者を兼ねたに違いない。そうした中で誰もが接しうる法典と憲法が創り出されたのである。

書かれた法典は世界史において新しいことではなかった。新しかったのは、これらの法典は上から課されたものではなく、市民の相当部分の政治的意志の表現であったということである。そして市民の多数の同意を得ることを命じたものであったに違いないということである。人類史上初めて人間の共同体が彼ら自身が慎重に選びかつ同意した公平な法によって規制されるようになったのである。そしてその法は議論され、多数の同意でもって変更されることができた。これを「民主主義」と言うのは間違いであろうが、決定的な一歩ではあった。（それはむしろ、僭主たちを無視するなら、広汎な基礎を持った寡頭政治であった。女性、奴隷、そして、たいていの場合、貧民層は効果的な発言権を持たなかった。）そして法が一般に接しうるものとなるためにアルファベットが不可欠だったのである。

今概説してきたような政治的進化がプレソクラティクスの哲学の起源にとって不可欠な条件であったということ、少なくとも重要な要因であったということが次章において示されるであろう。もしこれが正しいなら、なぜそのような進歩がそれ以前のどこにも起こらなかったのかと問うことは興味ある問題ではある。必要条件は以下のことであったと思われる。アルファベット、富の公平な分配、自然な共同体に属しているという感覚、そして自身の幸福がこの共同体の安寧に密接に寄りかかっているということ。これらの諸条件は、フェニキア人の諸都市を除いては、たぶんそれ以前には存在していなかった。フェニキア人の諸都市について言うなら、レバントにおけるそれらはなお王によって統治されていたが、前九世紀にアッシリアの大君主制のもとに凋落した。しかしカルタゴはギリシアの諸都市と同じような仕方で幅の広い寡頭政治の方向に進んで行ったように思われる。ただし、ギリシアの諸都市より早くはなかった。初期のフェニキアの法典については何も知られておらず、プレソクラティクスと同時期のフェニキアの発展についてもほとんど証言がない。このことについても第2章で言及されるであろう。

政治的発展においてイオニアが特に進んでいたわけではなかった。アルファベットと同様、重装歩兵による戦闘がそこでも採用されたが、それはむしろギリシア本土より遅かった。また前七〇〇年から前五五〇年の間にイオニアの都市のいくつかが断続的にリュディアに従属するという複雑な情況もあった。しかしミレトスとサモスはリュディアからの独立を保ち、商業上繁栄した。ミレトスの記録された歴史はトラシュブロスの僭主政治から始まっているが、それにつづいて前六世紀の初めに異例に長引いた恐ろしい市民戦争があった。しかし、それはその繁栄に深刻な影響を及ぼさなかったように思われる。より明白でない思想や感情の潮流もここで言及しておかねばならない。しかしこれらは適切には議論しえない。政治的、社会的変化が都市社会を生み出した。世襲的な族長、氏族、一族に対する忠誠心は徐々に弱まり、全体としての市民社会ないしは市民の特定の階級への忠誠心に取って代わられた。精神文化の中心は市場や港であった。そこではアイデアやニュースが品物と同じように自由に交換された。新しい霊的欲求を満足させることができなくなった伝統宗教や世界についての知識の伝統的源泉に対して不満が増大してきた。前七世紀と前六世紀の抒情詩において個人の個性が初めて第一義的な関心と価値を持つ何ものかになった。これについてもっと語ろうと思えば、初期中世から示唆に富んだ同様の現象を引き出すことができるであろう。世界に対する自覚と知性の適用の一般的増大として記述しうるようなものが確かに存在したのである。

第2章　ミレトスの哲学者たち

ヘシオドスの『神統記』はおそらくわれわれが有するギリシア文学の最も初期の作品である。著者はギリシア本土のボイオティアに住んでいた。前七世紀初頭の人であろう。『神統記』は神々の統一的な系譜を作ろうとする試みである。それはギリシアの伝統的な民話の改作にすぎないものではない。ギリシアの主な神々は卓越した地位を有している。しかしきわめて巨大と思われる物語、すなわちウラノスがその息子クロノスによって退けられ、クロノスはクロノスでまた彼の息子のゼウスによって取って代わられるという「継承神話」は、おそらく近東起源であり、ミケーネ時代にギリシアに到達したのであろう。それ以外のこと、よく知られた神々がギリシア人によってほとんど崇拝されていないか、あるいはまったく崇拝されていない他の多くの神々によって取り囲まれているが、そういったことの多くはヘシオドス自身の「創作」であろう。これら他の神々はヘシオドスが重要と考えた宇宙の諸相に対応するものである。「大地」、「夜」、「川」、「眠り」、「争い」、「勝利」などといったさまざまな神々をわれわれは見出すのである。ヘシオドスは擬人化したり寓話化したりはしていない。彼はこれらの神々すべての存在を同じように信じているのである。重要なことは、ほとんど伝承によらずして彼はそれらの存在を主張し、その系譜学においてそれらに特定の位置を割り当てているということである。むしろ伝承の足らざるところが合理的と考えられたところから補われ、修正されているのである。例えば「眠り」は明らかに重要な神である。それが系譜学の中に姿を見せるのは当然のことであり、しかも夜の息子として描かれるのは疑いもなく合理的なのである。

ヘシオドスが『神統記』において行っていることは、多くの点において、プレソクラティクスの哲学に似ている。彼は宇宙の働きや歴史の完全で統一的な合理的像を生み出そうとしているのである。この像を得るために彼は神々によって神々が儲けられるという単純なメカニズムを採用した。彼は決して伝承に強いられていない。彼は非ギリシア的観念に対してもオープンである。しかしながらヘシオドスと最初期のプレソクラティクスの間にすら大きな隔たりがあるのであって、それは哲学における革命によって生み出されたものなのである。

この革命が何であったかをより明瞭に知るには、二〇〇年ほど先に移動して、前六世紀半ば頃に生まれたイオニア人、コロポンのクセノパネスの神学的見解を見るのが有益であろう。クセノパネスはたぶん本来の哲学者ではない。しかし彼は、彼の作品の現存する断片が前六世紀のギリシアにおいて斬新かつ革命的であった神学の最初の明確な陳述を含むゆえに、重要である。

神はひとつであり、神々や人間どものうち最も偉大である。(原注) その体の形においても心の想いにおいても死すべき者どもに少しも似ていない。(断片23)

(神は)その全体が見、全体が思惟し、全体が聞く。(断片24)

(神は)常に同じところにあって少しも動かない。ある時はここ、ある時はあそこというように動

き回るのは彼にふさわしくない。(断片26)
(神は) 労することなく、心の想いによってすべてのものを支配する。(断片25)
(原注)「神々や人間どものうち」というのは慣用的表現のひとつであり、他の神々の存在を意味するものではない。

これらの積極的陳述に対応して、ヘシオドスのそれを含む伝統的神観に対する鋭い批判がある。

しかし死すべき者どもは、神々が生まれたものであり、人間のような装いや声や姿を持っていると思っている。(断片14)
しかし、牛や馬やライオンが絵を描いたり、人間と同じような作品を作ったりする手を持っていたとするなら、馬は馬に似た、牛は牛に似た神々の姿を描き、彼らのそれぞれが有しているのと同じ姿の神の体を作り上げたことであろう。(断片15)
エチオピア人たちは自分たちの神々が獅子鼻で色が黒いと主張し、トラキア人たちは目が青くて髪が赤いと主張する。(断片16)
ホメロスとヘシオドスは、人間のもとでも恥であり、非難の的となることのすべてを神々に帰している。盗み、姦通、詐欺。(断片11)

このラディカルな一神論は伝統的なギリシア宗教とはきわめて異質のものであるから、その源泉を最初に近東の地に求めるのは理由のないことでない。ギリシアそれ自身と同様、この時期イランとヘブライの両宗教思想の内に一神教的傾向があったように思われる。しかしながら、これらの地域からどのようなインスピレーションが訪れたにもせよ、クセノパネスの神学はなおまったく新しい何ものかである。伝統的信仰を真正面から攻撃することにおいて、またまったく異なる信念を打ち出すことにおいて、クセノパネスは預言者や教師の権威に訴えるようなことはまったくしていないし、いわんやどのような私的な啓示にも訴えていない。彼はただ一般的原理にのみ基づいて右のような神観を唱えているのである。すなわち、神はひとつでなければならないということが合理的ないし当然な一定の概念にのみ基づいて主張されているのである。この議論の道筋をさらに指し示すものがクセノパネスの別の報告にも保存されている。例えば彼は（伝統宗教においてのように）ある神が他の神を支配するといったことはありえないと論じた。神が主人を持つというのは「神の法に反する」からである。

繰り返して言わねばならないが、この考え方は何かまったく新しいものである。何が神学において合理的でふさわしいか、何がそうでないかということの基準を設定する意識的かつ慎重な試みが神学においてて初めてなされたのである。すべてはこの基準に照らして判断されねばならない。伝統の権威も、あるいは一般的なコンセンサスのそれも、また偉大な教師たちのそれすらも、価値はない。この方法の適用によって偉大な一般化と首尾一貫性を備えた教説が生み出されたのである。

クセノパネスについては次章でもう一度考察する。彼が順序を度外視してここで言及されたのは、彼の断片から説き起こすことによって最初期のプレソクラティクス、前六世紀のミレトスの哲学者たちの知的雰囲気が最もよく理解されようと思ったからである。

Ionia
エ
ー
ゲ
海
レスボス
シュティルネ
リュディア
キオス
キオス
ポカイア
サルディス
クラゾメナイ
テオス
コロポン
エフェソス
サモス
サモス
マイアンドロス川
プリエネ
ミレトス
カリア
0 10 50 100 マイル

イオニア

初期イオニアの政治的、社会的発展のいくつかのことが前章において素描された。商業上の指導的都市、ミレトスは近東の影響をとりわけ受けやすかったが、それらの発展に共に与った。思想における革命にとって特に重要と思われるのは、明確、公平、不変な何ものかという法の概念の出現と、政治的平等の広がりである。市民集会や法廷における対等者間の討議は法ないし理性の一般的で公平な原理に訴えることによって行われねばならない。他方、党派は公平性を欠くであろう。「理由のある根拠」という観念が発達し始めるであろう。そこでは特定の状況を上位の抽象的な法の適用と見る習慣が成長するであろう。そしてこの種の法が、そこに秩序が見られるどのような団体にとっても、必要な裁定者と見られることになろう。

こういった意味において、クセノパネスに見られる新しいタイプの思考様式が前七世紀と前六世紀のギリシアの同様に新しい政治的、社会的発展とリンクしていたということは大いにありうることである。ミレトスの哲学者たちもまた同じ文脈の中にいたと考えられよう。解釈が難しい散発的な証言から知られる限り、彼らは〔そういった文脈に〕実によく当てはまるのである。次になすべきことは証言を考慮に入れたミレトスの哲学者たちの再構成である。しかしそれは必然的にそういった証言を超えて行く。そして右でその輪郭が示された観念によって導かれる。

ミレトスの三人の市民、タレス、アナクシマンドロス、アナクシメネスの活動時期は前六世紀の最初の七〇年のいくつかの期間にわたっている。彼らのうち、アナクシメネスは少なくとも前二者より若干若年であった。これらの人たちの生涯はほとんど知られていない。彼らは互いに知り合っていたに違いない。信頼できる報告によれば、タレスとアナクシマンドロスは親しい仲間であった。これらの三者は宇宙の本性について、少なくともアリストテレス以来新しい始まりと認められてきた観念の体系を生み出した。アナクシマンドロスとアナクシメネスは彼らの体系を書物に書きとめた。それらは最初期のギリシア散文である。しかしタレスは何も書かなかった。したがって彼の考えについて得られる信頼できる報告は実にわずかでしかない。われわれの最上の情報源であるアリストテレスですら、彼が見出しえた証言は貧弱な又聞きでしかないことを自ら明らかにしている。最上の場合でも、他のミレトス人からのものであった。三者が別々に考察されるに先立って、宇宙の「ミレトス的見解」の主要ラインが与えられねばならない。もしある見解なり考えが後続するものの中で「ミレトスのそれ」として描かれているなら、このことが意味するのは、それはアナクシマンドロスかアナクシメネスの中に見られるということ、そしてそれはたぶん三人の哲学者すべてに共通であったであろうということである。

ミレトスの哲学者たちの神学的信念に対しては、ただひとつ信頼に足る直接的証言がアリストテレスの『自然学』の一節（203b3-15）に見られる。初期の自然哲学者たち、とりわけアナクシマンドロスは、単一の限界のない全能で不死なる神的存在があって、それが宇宙を包み、コントロールしているという考えを抱いていたことを、それは語っている。この種の神学はクセノパネスのそれに近い。それを支える論拠が同じであったと推測するのは理に反していない。

この種の論拠によって支えられたこのタイプの神学がその結果をはるか宇宙論にまで及ぼすことになるのは火を見るより明らかである。特にヘシオドスの『神統記』の方法はもはや宇宙の構造や働きの首尾一貫した説明を生み出す満足な方法となりえないであろう。それらは今やただひとつの最高の神に依存するのであるから、その力が働く仕方を、もし可能なら、発見することが必要である。それゆえ神が宇宙をコントロールする計画を発見することが必要である。そのような企ては望みがないと考えた人たちがいた。神の心は計りがたいし、無限に複雑である。したがって宇宙の秩序は人間によっては説明できないと言うのである。これは、例えば前五世紀のヨブ記の著者の信念であった。そして同じ時期のギリシアにおいては、詩人ピンダロスの信念であった。彼の詩は物心両面の現象のきっぱりとは割り切れない複雑さに対する感情に満たされている。ミレトスの哲学者たちは別の精神を持っていた。彼らは一様に観察される事実に基づくいくつかの論拠をもって、宇宙はその名を有するに値する最高の神的存在によってコントロールされているのであるから必然的に秩序の宇宙でなければならないと考えた。法のような規則性、知的にも満足な構造を有するのでなければならないと推測した。こういった信念を抱くことは不可避的に人々を素朴なオプティミストにし、自然の陰険さを低く見積もらせるものである。彼らの心性は常に実在と比べて天然さを追い出すよう運命づけられているのである。ピンダロスが「彼らは知恵の実を未熟な時に摘み取る」（断片192ボウラ、断片209スネル）と言ったように。この言葉でもってピンダロスはプレソクラティクスの哲学の最初の世紀を却下した。ピンダロスに由来するこの冷笑は安っぽいものではない。しかしそれは、もしそれが該当するとするなら、すべての科学の歴史全体に当てはまることであって、初期のプレソクラティクスにのみ該当することではない。

ミレトスの哲学者の関心を最も惹いていた問題は宇宙の最高のパワーたる神的存在と観察される世界の関係はどういうものかという問いに還元される。ミレトスの哲学者たちは観察される事実と最高の神について彼らが必然的に真であると考えたものの両方に共通に適合する答えを見出そうとしたのである。観察される世界というのは、彼らにとっては、大地、海、濁った下層の大気、透明な天空、天体（おそらく固い外側の殻と一緒になったそれ。恒星はそれに取り付けられていると考えられていた)、そういったものの一定の限界内に限られた体系である。この体系が広汎なアウトラインの中で規則性をもって働き、その中で日々や年のサイクルにおいて主要な変化が繰り返されるのである。これらの容易に観察されるサイクルが、ミレトスの哲学者たちにとっては、宇宙の中にコントロールする法則が存在していることの最上の証しであったに違いない。同輩の間での政治上の官職の一定のローテーションといった類似のことが身近にあった。この体系を超えたところ(それは空間と時間の内に限られないものではなかったようである)に、最高の神にして宇宙全体をコントロールする「無限なるもの」(ト・アペイロン)がある。それは生きており、永遠の運動においてある。

「無限なるもの」というこの概念はきわめて重要であるから、その歴史と意味についてなおいくつかのことが言われねばならない。「アペイロン」という語は名詞「ペイラス」ないし「ペラス」から形成された否定の形容詞の中性形である。この名詞は初期ギリシアにおいてさまざまに使用されているが、その大多数は、Xのペラスはある観点においてXを完結するか、Xの完結を標記するものであるということによって要約することができる。そこで「ト・アペイロン」(「無限なるもの」)は完結されることのできないもの、空間ないし時間のどのような特殊化も欠いたものである。しかし空間的、時間的意味は、この時代、それが帯びるのに最も自然なものであった。すなわち「空間的に限られない」、「時間において終わりのない」という意味である。

ミレトス的スキームにおける「無限なるもの」(ト・アペイロン)の最も明らかな役割は観察される世界を支えるそれであった。観察できる領域の縁を超えて何があるのか。なぜ万物は崩れ落ちないのか。

「無限なるもの」が外側にあり、世界をその場所に保っているからである。何が変化の整然としたサイクルを保っているのか。そしてまた何が天体をそれぞれのコースの内に運行させているのか。決して尽きることのない「無限なるもの」が必要な運動力を供給しているからである。こういった問いにこのように答えを与えることによって、ミレトスの哲学者たちは観察される世界‐秩序を外側から見、空間・時間におけるその有限性を神の無限性と比べていたのである。このコントラストはもうひとつの重要な語「コスモス」（複数は「コスモイ」）に要約される。視覚可能な世界の諸要素を含む「世界‐システム」を意味する述語として、この語は前五世紀に広く流布した。なぜミレトスの哲学者たちによってそれがこの意味に鋳造されなかったのかはよく分からない。彼らはきっとこの意味を持った用語の必要性を感じなかったのであろう。

われわれのコスモスを外側から見るということは、それだけが宇宙の中のただひとつのコスモスでないかも知れないという意識を目覚めさせることである。ミレトスの哲学者が、「無限なるもの」の中ということに傍点を付して、どのような時にも無限数のコスモスが存在したと考えていたことはほぼ確かである。彼らの推理はたぶんアリストテレスによって保存されているそれであろう（『自然学』203 b 25‐8）。もっともアリストテレスはそれを〔特にミレトスの哲学者に〕帰すということはしていないが。もし「無限なるもの」のここにコスモスがあるとするなら、どうして他のところにもないであろうか。「無限なるもの」の内にどのような特権的な場所もないからである。これは宇宙的な法のもとでの宇宙内のあらゆる場所の対等性へのひとつの訴えである。あるいは（そう言うべきだとするなら）十分な理由の原理への訴えである。アナクシマンドロスは別の文脈においてそれを印象的に使用している（本書、三一頁、三二頁を参照）。
コスモスは、「無限なるもの」とのコントラストによって、本質的に神的なものでなくなった。むしろそれは「無限なるもの」によって「無限なるもの」から創造によって生み出されたものなのである。それは空間の内にも時間の内にもあるということによって、また始まりも終わりも有しているということによって、限られていた。ここで生じる問題は、どのようにしてコスモスは創造されたのか、いかにしてそれは運動しつづけるように保たれているのかということを、観察される事実や神学と齟齬がないように説明することである。ミレトスの哲学者すべてがこの問題に係わった。そして〔それぞれ〕異なる答えを与えたのである。彼らの答えは、蓋然性の程度に差はあるが、部分的に再構成されうる。彼らを一人ひとり取り上げることが必要になる。

ミレトスの最初の哲学者タレスは明らかに公的生活においても注目すべき人物であった。彼は前五世紀までに実際的な知恵を持った人として伝説になっていた。彼の考えについては、一般にもそう説明されてきたように、確かと見なしうるものはほとんどない。それらしく思われるものはすべて、多かれ少なかれ、アリストテレスの報告（特に『形而上学』983 b 20 - 7）から始まったに違いないもっともらしい憶測である。アリストテレスの報告によれば、タレスは自然哲学の「創始者」であった。そして水が万物の根源であり、大地は水によって支えられていると彼は考えていたと言われている。原初の水の塊から宇宙は出現したとか、大地の下にも天空の上にも水があるという宇宙のスキームは古代の近東世界にあまねく見られる考え方であって、疑いもなくタレスはそういった出所からそれを得ていたのである。

しかしなぜ彼がこれらの特定の近東の考えを取り上げたのか、そして何のためにそれを使用したのかということは、なお説明の要あることである。この点に関するアリストテレスの示唆は適切なように思われる。水を必要とするものは生命である。そして生命が水に依存するということは地中海地域の住人にとっては明々白々のことであった。このことは宇宙における生命を説明することにタレスが第一義的に関心を持っていたことを示すものであろう。とりわけコスモスを生み出し、それを運行させつづけている運動力に彼が関心を持っていたことをそれは示している。別の証言断片は、生きているということと運動させる力を有しているということをタレスは同一視し、この原理を適用して、「磁石は生きている」と結論したと伝えている(アリストテレス『デ・アニマ』405 a 19-21)。だとすれば、水は宇宙の燃料か動者と同一視されていたのかも知れない。コスモスの中で変化を引き起こしうるものは水から出てきたのであり、その特性を、あるものはより多く、他のものはより少なく、保有しているのである。熱いものや乾いたものすら水によって「養われている」というのは、太陽は自らを養うために海から水を吸い上げるという考えによって示唆されたのであろう。これは、疑いもなく、前五世紀には広く行きわたった考えであった。そして湿ったものが固く乾いたものを生み出すことすらあるというのは、動物の生殖の事実のみならず、ミレトスでも見られた海の乾いた陸地への明白な交代(マイアンドロス川による砂の堆積による現象)によっても示唆されたであろう。

以上はせいぜいのところ推測であって、タレスの神学的観念についてはどのような示唆も等しく推測であらざるをえない。「万物は神々に満ちている」という言葉をアリストテレスはタレスに帰している(アリストテレス『デ・アニマ』411 a 8)、これは自然における力はすべて等しく神的であると見なす用意が彼にあったことを示唆している。これは、疑いもなく、すべての力はひとつの神的な水からの派生であるとの考えに合致する見解である。

タレスにまつわるかかる思弁は一般に共有されていたものではまったくない。これらの思弁は、タレスの友人のアナクシマンドロスについて知られているものから、ある程度確認される。アナクシマンドロスの見解については、少なくともアリストテレスとテオプラストスという二人の証言者から得られる一定程度信用できると思われる証言がある。アナクシマンドロスがその見解を書きとめた書物をアリストテレスもテオプラストスも読んでいたのである。それでも彼らの証言は取り扱いがとても難しい。アリストテレスとテオプラストスがアナクシマンドロスの書の中に見出したものを彼らがそれに加えた解釈から切り離すのはしばしば困難なのである。そのような理由で、アナクシマンドロスの基本的問題点についてはきわめて大きな意見の相違があるのであって、以下の説明は解説の都合上むしろ断定的になされたものである。研究ノートで言及される書物のいくつかからも知られるように、多くの点が論争の的になっているのである。

アナクシマンドロス体系の基礎は、先にも言ったように、「無限なるもの」と「世界 - システム」（コスモス）の間のコントラストである。ところで、アナクシマンドロスにとって、コスモスの中に働く最も重要な力は後に「反対のもの」と呼ばれるようになったものであった。最もよく呼び出される反対のペアは「温」と「冷」、「湿」と「乾」である。これらは厳密に実体と考えられているのでも、厳密に質と考えられているのでもない。そういった区別はソクラテス以降のものである。「反対のもの」は何よりも力であり、物理的変化の作用因なのである。それらはそれぞれ異なるところにさまざまな程度で存在する。これらの「反対のもの」と土、水、火といった世界の明白な構成元素との関係について彼が語っていることにおいてアナクシマンドロスが通常の観察を越えて行ったと考えるべき理由はない。むしろ彼は「反対のもの」とそれらがそこから出てくる「無限なるもの」との関係をどのような程度においても明らかにしなかったと想定すべき理由があるのである。というのも、もし彼がそのようなことをしていたなら、アリストテレスやテオプラストスが彼ら自身の分類のスキームにアナクシマンドロスをどのように当てはめるべきか、あれほど途方に暮れるということはなかったであろう。初期の「自然学者たち」(φυσιολόγοι) を分類分けするアリストテレス的スキームは、「質料因」といったようなアリストテレス的概念が分類分けされるあれらの人たちの心中にもあったということを要求する。その時にのみ、宇宙はひとつの質料因しか含まないとある哲学者が見なしたか、あるいはそれ以上の原因を含むと見なしたかと問うことは可能である。アナクシマンドロスはいずれの方向にやられてもよいであろう。アリストテレス自身は、二箇所(『自然学』187 a 20 - 1と『形而上学』1069 b 18 - 24)において、アナクシマンドロスの「無限なるもの」(宇宙内に存在するものの質料的原因と解されている)は「反対のもの」すべての混合を含意していたという見解を取っている。そしてそれら「反対のもの」をアリストテレスはアナクシマンドロス体系の中で質料的な原因の役割を演ずるものと考えたようである。初期の哲学者に関する最もよく考えられた批評を含む『形而上学』の最初の巻においてはまだアリストテレスはアナクシマンドロスのこの解釈を含める冒険をしていないのが注目される。テオプラストス(DK 12 A 9)はこの解釈ともうひとつの解釈との間に決定を下す十分な証拠がないことを認識していた(ように思われる)。もうひとつの解釈というのは、「反対のもの」はすべて「無限なるもの」の単なる変容であり、したがってただひとつの質料的原因が存在するのみであり、それはすなわち「無限なるもの」に他ならないという解釈である。

アリストテレスとテオプラストスがアナクシマンドロスを分類しようとして気づいた困難はさまざまな意味で教訓的である。それは哲学史における古典的な落とし穴の顕著な例であり、概念のアナクロニズムなのである。それは哲学史家としてのアリストテレスの限界を示している。重ねて言うなら、今問題となっている点でのアナクシマンドロスの曖昧さは、「質料因」というアリストテレス的概念のみならず、「質料」とか「質料的実体」といったより一般的な概念すらまだ使用されていなかったことを示している。そしてそのことによって、アナクシマンドロスやヘラクレイトスや彼らの後継者たちがそういった概念の形成に向けて果たした役割を浮き彫りにするのである。事物の「質料」とか「実体」といった観念がその起こりないし過去の歴史のそれより直接的でないということがパラドクシカルに思える人は、神が旋風の中からヨブに発した問いを聞くべきである（『ヨブ記』三八章、三九章）。それらはプレソクラティクスにも発せられるであろう問いのよい例である。多くは物の起こりと運動力についてであって、「質料」とか「実体」についてではないのである。

アナクシマンドロスが「反対のもの」と「無限なるもの」の関係について何も言わなかったということではない。ただ彼はどのようにして「反対のもの」が世界－システムを生み出すために「無限なるもの」から出てきたかを語ることに専心していたように思われるということである。アナクシマンドロスの説明のこの部分に対してはいくつかの証言がある。それらを解釈し、調整するのはいつものように困難であるが。「反対のもの」を分離し出す原因は「無限なるもの」の「永遠の運動」であると語られている。これは非常に曖昧で、報告（DK 12 A 9）は疑わしい状態にある。より確かな基礎は、「渦」（ディネー）、すなわち旋回運動がコスモスの創造に重要な役割を演じるというアリストテレスの指摘（『天体論』295 a 9 - 14）によって、提供される。重いものと軽いものにコスモスが分離されることと天体の円環運動という両方のことを説明するために「ディネー」（渦）が使用されたように思われる。刻々と位置を変える微粒子を含む水が鉢の中で掻き回されるとき、重い粒子は沈んで回転軸のまわりに密集し、他方軽い粒子はその回転を一層速めて軸から遠ざかる。このモデルによって大地が下になり、天体の運動が上になる配置を説明することが可能になった。「渦」が「反対のもの」を分離し出すより一般的な機能を持っていたのかどうかは明らかでない。他の証言から見て、それはありそうにない。テオプラストスに由来する学説誌の断片は宇宙生成の第一段階について次のような説明を与えている。

また永遠なるものから温かいものと冷たいものを生むものがこの世界の生成にあたって分離し出され、そのものから炎の球のようなものが大地の周囲の空気の周りに樹皮が木を取り巻くように生じたと彼〔アナクシマンドロス〕は言う。（A 10）

たぶんそうだと思われるが、木と樹皮の比喩がアナクシマンドロスのものであるとするなら、彼はここでは生き物の組成のアナロジーによって導かれていたことになる。「生む」（γόνιμον）という語が同じ方向を指し示している。これらに加えて、「無限なるもの」からのコスモスの生成ということに対しては動物の生殖作用を除外してはどのような自然的アナロジーも考えるのは困難であり、タレスもこの種のアナロジーを使用したように思われるという一般的反省がある。これらすべては、コスモスの起こりと展開は卵か胎児のそれのように考えられていたのかも知れないということを示唆している。コスモスは「世界‐卵」として始まったという考えが見紛いようもなくオルフィック教の詩の中に現れている。それらの詩はたぶんアナクシマンドロスより後代のものであり、アリストパネスの『鳥』のコミカルな宇宙生成論の中に見られるものである。原初の神は妊娠していたとするヒンズー教の経典は言うまでもない。一般的に言っても、コスモスと動物のアナロジーは、後で見るように、プレソクラティクスの時代の幾人かの哲学者によって真剣に取り上げられていたのである。

アナクシマンドロスにとって、「渦」という機械論的なモデルと卵や胎児といった生物学的なモデルの間に何らかの本質的な葛藤があったと考えてはならない。アナクシマンドロスは排他的にいずれか一方のアナロジーのみを取り上げ、それによって説明するという態度は取っていない。そしてそのアナロジーのどれかを強く押しつけるということも（たぶん）しなかった。最後期のプレソクラティクスにおいてすら、宇宙生成のプロセスの説明はむしろ漠とした直感的な用語でなされていたのである。生物学的な説明と機械論的な説明の本質的差異はまだ混乱の源泉とはなっていなかったのである。

コスモスの展開における「反対のもの」の各々の働きは他方に対する不断の闘争と考えられている。反対のそれぞれはある時とある場所においては地歩を得るが、別の時と別の場所ではそれを失う。それらが獲得し、あるいは失うのは、ある「反対のもの」が別のそれに変わることによってなのか、一方による他方の破壊によってなのか、あるいはまた単に「反対のもの」の一方の前進が他方の後退であるということによってなのかと問うことは自然である。テオプラストスはこれを問い、アナクシマンドロスの「反対のもの」は互いに交代すると主張することによって、それに答えたように思われる。この結論が基づけられている彼の報告から得られる一節は、残念ながら、テオプラストスが彼の主張に対してどのような強力な証拠も持っていなかったことを示唆している。その一節は以下のごとくである。

〔アナクシマンドロスは言う。〕「諸存在にとって生成がそれからであるそのものへと消滅もまた必然にしたがってなされる。なぜならそれらは時の秩序にしたがって相互に不正の償いをするからである。」このようにやや詩的な言葉で彼はそのことを語っている。(A 9, B 1)

この一節を「反対のもの」の闘争以外のものに関係づけることはできない。そうだとすれば、テオプラストスがこの闘争を一連のトランス・フォーメーションと見ていたことは明らかである。しかし「なぜ」は説明していない。テオプラストスの説明が『綱要』の中で失われたということは十分ありうる。それでも、この一節はとても重要である。散文的でない表現の少なくともいくつかはアナクシマンドロスの書物からテオプラストスによって直接引用されたものであることを最後のコメントが示している。したがって右に傍点で示したフレーズは、たぶん、アナクシマンドロス自身のものであろう。各コスモスにおける出来事を「無限なるもの」はどのようにコントロールしているのかという問題にそれらはわれわれを連れ戻す。また法によって統治されたコスモスという観念にわれわれを連れ戻す。「反対のもの」が互いに対して犯す侵犯の中に正義が存していることは明らかである。そして「償い」が不正な獲得とそれによる損失の賠償であることもまた明らかである。戦いの全体的な調整があるのである。時や場所の小さなエリアでは行きすぎがあるかも知れないが、コスモス全体の長い行程においては釣り合わされるのである。昼と夜や季節のサイクルがそういった法が存在することの最も明白な証拠である。この法は諸力に固有する均等化能力によって保証されるのではない。それは外部からのものであり、「無限なるもの」の調整によるのである。少なくともこれがさまざまな指示からの最も理に適った結論である。われわれは一般に「無限なるもの」が宇宙を「統治」しており、かくしてそれが物理的法則の自然な源であったことを知っている。さらに、法則的な振る舞いは「必然によって」（κατὰ τὸ χρεών）（これは必然性を課す力を含意している）、「時の秩序にしたがって」（κατὰ τὴν τοῦ χρόνου τάξιν）なされる。この最後のフレーズの意味は残念ながら議論のあるところであるが、「時」がここでは神的パワー、すなわち「無限なるもの」の名称と考えられていたとのことはかなりありうることである。というのは、「時」を神的なパワーと考える考え方は、イランの宗教のみならず、ソロンやペレキュデスやヘラクレイトスといった前六世紀のギリシアの著者たちにおいても見られるからである。

各々のコスモスはただ限られた時間しか存続しない。その存在の後のステージに関しては、〔残念ながら〕直接的な情報がない。おそらくそれは動物のように年を取って行くのであろう。あるいは時計のように止まるのであろうか。その生涯でもあり、またそれに形を与えた力でもある旋回運動は次第に減速して行き、やがては停止するのであろう。そしてその内容は再び「無限なるもの」に吸収されるのであろう。

この壮大な枠組みの中にアナクシマンドロスはわれわれのコスモスについて今も観察される事象の多くを満たした。彼が答えようとした問いのいくつかのリストはこうである（ここでも『ヨブ記』三八章、三九章との比較はやりがいのあることである）。天体はいかにして形成されたのか。それらは大地からどのくらい離れているのか。「蝕」の原因は何か。なぜ大地は同じ場所にとどまるのか。大地の形はどのようなものか。風、雨、雷、稲光り、地震、それにナイルの毎年の洪水の原因は何か。動物や人類の起源はどのようなものか。彼はまた大地の表面の地図を作成した。これらの細目のすべてを取り扱うことは紙面上できないが、特に重要と思われる次の二点はここで言及しておかねばならない。

ひとつは、なぜ大地は同じ場所にとどまるのかということの説明である。この問題は、アリストテレスの指摘によれば、他の多くの人々を悩ましたように、すべてのプレソクラティクスを悩ました。ひとりアナクシマンドロスのみを除いて、初期のプレソクラティクスのすべてが（後期のプレソクラティクスの大多数もまた）大地は何らかの物質的な支えを有していると想定した。固い土の円柱（クセノパネス）とか空気のクッション（アナクシメネス）とか、その上に大地が浮かぶ水（タレス）などである。それらに代えて、アナクシマンドロスは対称性に訴えた。大地はコスモスの真ん中に左右・前後対称に置かれているから、いずれの方向にも傾く理由がないと言うのである。この説明からアナクシマンドロスは大地もコスモスも球形と考えていたと推測されるかも知れない。しかし実際は彼の大地は円筒形であったことをわれわれは知っている。その方が宇宙は渦巻の結果であるということに合致するのである。対称性への訴えは、それゆえ、ひとつというよりは、むしろ二つのステージにおいてなされたのかも知れない。最初に大地はあまねく水平であるということに関して対称性を使い、第二に宇宙の回転軸の周りに放射状の対称性を使うという仕方においてである。もしこれが正しいなら、その帰結として、彼は大地の表面──それはわれわれとの関係においては下の面である──は上の面と同じ特徴（川、山、動物など）を示すと主張すべきであった。したがって天体のもうひとつ別のセットが下にあると主張すべきであった。この教説のかすかな痕跡が学説誌の中に見られる。

いずれにしても、この説明は十分な理由の原理への訴えの最初期の例である。この原理は、先にも示唆されたように、ミレトス的宇宙論の精神の特徴なのである。

第二の重要な点は、地上における動物や人間の起源についてのアナクシマンドロスの説明である。人間も含めて、動物は最初、湿った大地に太陽の熱が働きかけることによって泥から自然発生的に生み出されたと彼は想定した。人類の起源について彼は注目すべき理論を抱懐していた。それは、明らかに、人間の新生児は〔長期にわたって〕自らを養うことができないという事実を説明するために考案されたものであった。人間の原形は、最初、棘のある皮に包まれた水中に棲息する魚のような生き物として生み出された。やがてそれは成熟すると乾いた陸に取り付き、魚のような外観を脱ぎ捨てて人間の形に現れ出てきたと言うのである。この人類系統発生論という近代理論の顕著な先取りは、人間の胎児の発達についてアナクシマンドロスが何がしかのことを知っていたことを示唆している。もしそうなら、このことは彼の宇宙生成論に生物学的なアナロジーを見出そうとする試みに何がしかもっともらしさを加えることになろう。

アナクシマンドロスの体系は、当然のことながら、その細部の点において反論を受けずにいなかった。

というのは、それは彼の同時代者たちの関心を最も惹いた宇宙論のあらゆる問題に対して解答を与えようとするものだったからである。もっと重要なことは、それが内的不整合の危険の中にあったということである。「反対のもの」はいかにして「無限なるもの」の中に存在したのかということについて、アナクシマンドロスは明快な説明を与えなかっただけでない。あるいはコスモスの中でそれらはいかにして相互に優勢となり合うのか、説明しなかっただけではない。もしあらゆるものが神的な法によって統制されているとされるのであるなら、局所的、一時的であれ、不正が生じうるのはいかにして可能なのかという問題もまた説明しないままに放置したのである。これらの難問のすべては次のような一般的な問題に包括されるかも知れない。神はどれだけそれが生み出し統治している世界と同一であるか、世界は神からどれだけ隔たっているのか。

アナクシマンドロスの考えがそれらが提出された精神において討議されるや、この疑問が頭をもたげ始めたに違いない。ミレトスの第三の哲学者アナクシメネスの主要な革新がこの問題に対する新たな解答の試みであったことは、それゆえ、驚きでないのである。先に概説されたミレトス的枠組みの内にとどまりながら、アナクシメネスは無限な神的存在から現れる世界－システムの内容は「無限なるもの」から生み出されたものであり、濃縮化と稀薄化のプロセスによって「無限なるもの」とも互いに変換可能であると断言した。別言すれば、アリストテレスの「質料因」に近い概念が呼び出され、作り出されたのである。

この点は詳論する価値がある。もしYはXと「同じ」であると言うことができるとするなら、そのために求められるように思われることは、ただ単にXはまったく途切れない有様でYに変わるということだけではない。この変化が誰にでも理解できるものであると共に法則にも適っているということ、別言すれば、身近な語で説明できるものとして現れ、Xが変化する仕方とそこへと変わるものを拘束する一定の法則にしたがって進行するということもまた求められる。さらに、変化が理想的には逆にもなりえ、XがYから再創造されることもできるのでなければならない。少なくともわれわれは最も本質的でXの特徴であると考えるXの固有性をYの内に再確認することができるのでなければならない。アナクシメネスの理論にはこれらのすべての特徴が見出されるのである。彼がそれらのそれぞれを同一視したということが示唆されているのではない。いわんや意識的な概念分析を行ったというのでもない。むしろ、条件の繋がり全体がさまざまな状況の中で自然に起こってくることとして示されようとしているのである。神的なものをコスモスに繋ぐ変化の合法則的プロセスを生み出すのに必要なものがミレトス的枠組みの中で与えられようとしているのである。

もしこの説明が正しい線上にあるなら、アナクシメネスの理論構成の本質的な一歩は経験の事実への訴えである。アナクシメネスは、物は圧縮されればされるほど硬く固体になるという観察によって導かれていたように思われる。このことは基礎物質の圧縮のさまざまな程度によって、固体、液体、気体〔の三態〕を説明しうるかも知れないということを示唆している。ここで水と雪ないし氷の相互転換を説明要因として取り上げることは自然である。事実アナクシメネスはそうした。そして一般的に、熱は膨張ないし稀薄化と、冷は圧縮ないし濃縮化と連関するということを原理とした。ここから進んで彼はわれわれのコスモスの主要な構成要素のすべてを圧縮の程度にしたがって並べたスペクトルを編成した。スペクトルは、火、空気、風、雲、水、土、岩である。

この理論は各コスモスにアナクシマンドロスにとってそれが有していたものをはるかに越えた内的整合性を与えた。しかし内的整合性はただコスモスと無限な神的存在の間の外的な整合性に反映しただけであった。というのは、アナクシメネスは、神は空気の形で存在すると言明することによって、神にもまたスペクトル上に位置を与えているからである。この選択を選ばせた考慮が、動物は生きるために呼吸しなければならないという事実であったことはほぼ間違いない。この事実は死に当たって身体を後にする「生命の息吹」としてのプシュケー〔魂〕ないし生命原理というポピュラーな概念と久しく結びつけられてきた。生きた身体におけるプシュケー〔魂〕の役割とコスモスにおける神的な空気のそれとの間にアナクシメネスがはっきりと類比関係を想定していたことを示す報告が学説誌の中にある（DK 13 B 2）。この報告はストアの観念によって影響されたことを示す明らかな兆候を見せてはいるが、しかしそれはその核心部分が真正でないことを意味するものではない。ストアはその学説を作り出したというよりは、むしろそれを潤色したのである。もしこのことが正しいなら、アナクシメネスの神的な空気は、ミレトスの哲学者にとってコントロールする神の最も特徴的な固有性は生きているということ、そして運動を引き起こすことができるということであったということの今ひとつの証拠である。

物理的変化のこの新しい一般的理論はアナクシメネスひとりの重要な貢献であった。学説誌によって判断する限り、彼がそれをもっと広く細部にまで及ぼしたか、あるいは特定の問題にそれを適用したというのは、ありそうにない。彼の宇宙論的思弁のいくつかの細論が保存されているが、一般理論との明白な関係は持っていない。

この章はここまでミレトスの哲学者たちの考えと態度に焦点を当ててきたが、その際、最初の章で素描された政治的、経済的発展に彼らがどのように関係づけられるべきか、いくつかの示唆がなされた。ミレトス哲学の古代近東の知性史全体への関係を考察することは、面白い問題であるし、また重要であろう。第1章におけるイオニアの地平のきわめて簡単な概観ですら、少なくとも、バルバロイからの観念の多産な伝来の可能性の大きな多様性を示していた。特に「肥沃な三角地帯」の古代都市文明からのそれを示していた。そうした伝来の細部における証言が、それらの文明の書かれた記録が発掘され、解読されるにしたがって、前世紀に次第に有力になってきた。新しい結論を保証するような新鮮な文書がさらに発見されるかも知れない。

　しかしながら、これまでの利用可能な証言が深刻な誤導を引き起こすようなものでないと仮定するなら、そしてこの章で採られたミレトス派の見解が一般に正しいとするなら、彼らは明らかに近東から影響されていたと言わねばならない。しかしそういった影響は、次に説明されるような意味において、偶然的、副次的な性質のものでしかなかったと言うことができる。ミレトス的革命の核心、すなわち一般的な原理に基づいて改善された神学の展開と普遍的な法に支配された宇宙というそれと関連するヴィジョンは、今までのところ、イオニア以外のどの地域からもそれに匹敵するものを見出すことができないのである。初期ヘブライの預言者たちやイランのゾロアスター教の預言者も神の本性についてクセノパネスのそれと同じくらい厳格なヴィジョンを持っていたかも知れない。しかし彼らの表現は彼ら自身や彼らの社会の特殊な情況に絡み取られていた。そして、彼らがそういったヴィジョンを欠いていたために、バビロニア、カナン、あるいはエジプトの宇宙生成論は、知的な思弁や推論も、確立された世界

＝秩序という一般的な観念も含んではいるが、しかし調整されないままに放置された多数の神々の恣意的な諸力に取り巻かれた信仰から決して自らを解放することがなかったのである。彼らの世界＝システムは出来事の連続の中に展開するのみで、そこにどのような内的な必然性も見られない。

このことを認めた上であるなら、宇宙生成論や宇宙論の大小の多くの点において、借用という事実が疑いえないものであることは躊躇なく認められねばならないであろう。観念や知識の源泉地としてミレトスの哲学者たちは近東に向き合ってきたと人は予想するでもあろう。事実彼らは向き合ってきたのである。しかし彼らは彼ら自身のために借りたために選択的に借りたのであって、決して十把一からげにではなかった。そのようにしてタレスは、近東地域に広く広がっていた宇宙生成論に刺激されて、水を万物の始原にして大地を支えるものと見なしたのである。アナクシマンドロスの「無限なるもの」はイランとバビロニア双方の源泉にまで辿られた。両推測とも根拠のないことではないであろう。バビロニアないしイランのアナクシマンドロスへの影響を示すいくつかの観点が確かに存在しているのである。同様にイラン人の宗教的な考え方はミレトスの哲学者に訴えるものを多く持っていたであろう。ミレトスの宇宙生成論の細部をサンクニアトン〔訳注〕や他のフェニキア人の思弁に帰される宇宙生成論のそれと結び付けようとする試みはあまり信用できない。サンクニアトンの考えは後期ギリシアの翻訳の中にしか保存されていないのである。しかしそれらはフェニキア起源であり、非常に古いものであるとギリシアの出典によって申し立てられている。この主張は古代近東の知識が増すにしたがってますます考えられることであると思われるようになってきた。サンクニアトンは精神において他のいずれの近東の宇宙論よりもミレトスのそれに近いように思われる。彼がフェニキア人であるということは、たぶん意味深長である。しかしながら、こういった接触の多くの指摘にもかかわらず、アナクシマンドロス体系の主要な観念がギリシアの内ないし外において先行して説かれていたとのことを納得させるどのような証拠も存在しないのである。このことはアナクシメネスに関してはなお一層真である。

特別な問いは、この時代のバビロニアやエジプトからのミレトスの哲学者や他のギリシア人による数学的知識や天文学的知識の借用のそれである。バビロニアとエジプトの知識の性質は第1章で簡単に指摘された。ミレトスの哲学者たちがこの知識を、それが彼らにとって利用できるものである場合には受け継ぎ吸収したということは、彼らの一般的性格と合致することである。ミレトス人の天文学的思弁に対する証言は、あるいは前六世紀のいずれのギリシアのそれに対する証言も、残念ながら稀薄であり、取り扱いが難しい。この問題は依然として高度に論争の対象でありつづけている。しかしいくつかのきわめて初歩的な天文学的(そして数学的)知識がこの時代にイオニアに伝えられたということはむしろありそうなことのように思われる。

近東の影響の問題との関連において、前七世紀の後半と前六世紀の初頭にギリシア人によって生み出されたもうひとつの宇宙生成論について知られていることに言及するのが適切である。詩人アルクマンは前六〇〇年を少し下ったスパルタにおける彼の作品の合唱風頌歌のひとつの中にミレトスと近東の双方を示唆するものを含む宇宙生成論的な観念を組み入れている。そして前六世紀にはシュロスのペレキュデスが一続きの散文の神統記を作った。神々は常に存在した三柱のオリジナルな神から起こった。そのほかの世界はこの三柱の神のひとつである創造の神ゼウスによって現在あるように造られた。そして最後に秩序がゼウスによって、混乱の諸力を表現する怪物の蛇に打ち勝った後に、確立されたのである。

これらの二例は、驚くべきことでないが、宇宙生成論への関心がこの時期のギリシア世界おいてあまねく強かったことを示している。そしてそれらは〔この時期のギリシアが〕近東の諸観念に開かれていたことを示すよい証拠でもある。しかし、ペレキュデスをプレソクラティクスとしてミレトス派の中に入れることは、ましてやアルクマンを入れることは、大変な誤読となろう。というのは、もし「プレソクラティク・フィロソファー」（ソクラテス以前の哲学者）という標記が何かポイントを持っているとするなら、それはミレトスの哲学者とその後継者たちを思想史における新しい何ものかとして区分けすることだからである。ペレキュデスとアルクマンは、この分類においては、ヘシオドスや古代近東と同じ側にいるのである。これを一層鋭く言うなら、人間の精神史においてミレトスの哲学者たちは基本的な意味を持っているが、アルクマンとペレキュデスは全然持っていないということである。どこにその相違があるのかを明らかにすることがこの章の目的であった。

〔訳注〕 サンクニアトンは前十三〜十二世紀頃に活動したと考えられる伝説的なフェニキアの思想家。その一文がビブロスのフィロンの『ユダヤ人の歴史』のギリシア語訳からエウセビオスの『福音の準備』(Praeparatio Evangelica, I.X.42-43) に転載されている。

第3章　ヘラクレイトス

前六世紀の半ば、小アジア沿岸のイオニアの諸都市はしばらくの間リュディア王国の朝貢国であった。リュディアの王は厳しい支配者ではなかった。リュディア王の系譜の最後に位置するクロイソスは明らかにヘレニズムの愛好者であり、多くのギリシア人に心から称賛された。しかし前五四六年にクロイソスは侵入してきたキュロス麾下《きか》のペルシア軍によって打倒された。その結果、イオニア人ははるかに巨大な新しい勢力に従属するという事態に直面したのである。この新参のペルシア帝国はギリシア人がそれまでに出会ったいかなる勢力よりはるかに有能で巨大なスケールを有していた。イオニアは現代のイランの地から大王によってコントロールされる広大な領土の取るに足りない辺境の一部をなすにすぎなかったのである。

ヘロドトス（『歴史』I 170）によれば、ペルシアの脅威に対抗するためイオニアの諸都市は連邦国家を形成すべきだとタレスは提言した。この新しい提案は採用されなかった。沿岸部の諸都市は、ひとつ、ひとつ、降伏して行った。多くのイオニア人が移住した。ペルシアは諸都市の内政に干渉し、政治的平等の広がりを抑制したようである。あるいは彼らがそうするのではないかと恐れられた。ポカイアはその地の男たちが航海術に秀でていることで知られていたイオニアの小ポリスであるが、市民たちは一団となって移住し、さまざまな冒険の後、南イタリアにエレア市を建設した。この新しいポリスは哲学でのみ有名となった。

イオニアは七〇年間ペルシアの支配下にあった。この間、ただ二人のイオニア人哲学者のみがそれぞれの仕方でミレトス派の考えをさらに前進させるべく活動していたことが知られている。ひとりはコロポンのクセノパネスである。その神学的発言は前章で見た。ギリシア世界を放浪した詩人にして詩の職業的朗詠者クセノパネスは独創的、体系的思想家ではなかった。不整合に陥る危険の中にあったと思われるミレトス的枠組みを改善しようと彼が試みたことを示すものは何もない。もしアリストテレスを信じてよいとするなら、クセノパネスの見解はある決定的な場面において曖昧で矛盾していた。そしてある断片（断片34）では彼は、結局、人は確かなことは何ひとつ知ることができないという考えに逃げ込んでいる。しかしそれでもクセノパネスは啓発的である。先に見たように、彼はミレトスの哲学に光を投げかけている。そして彼の問題と欠点がこの時期のもうひとりのイオニアの哲学者エペソスのヘラクレイトスが現れる状況に光を投げかけているのである。

ヘラクレイトスは前五四〇年頃に生まれ、世紀が代わるまで生きたと思われる。生国のエペソスを離れたことがあることを示すものは何もない。彼の発言は幾分我儘な知的孤立の中で直截的かつ独創的個性を示している。ヘラクレイトスがストアによって崇められたということから、また彼は明らかに注目すべき人物であったということから、後の何世紀かにわたって大量の伝記的偽作が作り出された。彼についての捏造された話のいくつかが今日でもしばしば真実として繰り返し語られている。しかし、実際のところは、ヘラクレイトスの生涯に関する信頼するに足る情報は、ごくわずかに断片から推測しうることを越えては、ほとんど存在しないのである。

ヘラクレイトスの実際の言葉については、後代の著述家によって引用された八〇片か九〇片の断片が現存する。また彼の言葉がパラフレーズされたり、言及されたりした他の多くのパッセージがある。ヘラクレイトスの言説を解釈する難しさについては、すでにアリストテレスとテオプラストスが不平を言っている。アリストテレスはヘラクレイトスの文章がしばしば両義的であったことを注記しているし、テオプラストスは、ヘラクレイトスは時には文言を不完全なまま放置し、時には自身に矛盾するようなことを言ったと指摘している。それ以来彼は不明瞭の代名詞になった。われわれの有する証言から判断する限り、彼が書いたものの大部分は孤立した言説、記憶できるよう意図された簡潔な散文体の文章からなっていた。それらは大いにリズムに注意を払って構成されているが、大部分は文脈と何の関連も有していない。長々しい説明は避けられ、意味は仄めかし、語呂合わせ、混成語、構文の曖昧さの中に隠されている。このスタイルはしばしば神託や預言のそれに比せられてきた。しかしヘラクレイトスが、そのこと自体のためだけに、あるいは聴衆に対する効果のためだけに、不明瞭に語ったと考えるのは間違いであろう。多くの断片では、通常の人間の愚昧さを告発する時などは特に、ヘラクレイトスは十分平明に語っているのである。他のあるケースでは、引用された断片はそれが元々あった文脈から切り離されたものであるかも知れないし、またそうであるに違いないということである。ヘラクレイトスは、自身の活動を述べた唯一の断片の中で、「わたしは各々のものを自然にしたがって区分し、どのようであるかを十分に示した」と主張している。彼の発言スタイルが彼の扱っている主題に唯一ふさわしいものであるとヘラクレイトスは信じていたというのが真実であるように思われる。大多数の人にとって彼の発言は謎をかける神託のようであるとするなら、それはもっともなことなのである。というのも彼は、以下で説明されるであろうように、物事の真理は神託の意図ないし謎の解答のようなものであり、大多数の人間はただその無意味な、あるいは人を誤らせる（おそらく故意に誤らせる）外面を見るにすぎないと思っていたからである。

実際ヘラクレイトスはその時以来哲学に固有でありつづけてきたあるひとつの観念の最初の唱道者であるように思われる。すなわちそれは、言語というものは物事の本性に合致させるためにはきわめて異常な仕方で使用されねばならないということである。言語は一般に想定されるどのようなものとも根本的に異なっていると考えられるのである。彼の思考スタイルや表現スタイルがしばしばヴィトゲンシュタインの『論理哲学論考』を思い起こさせるのは決して偶然でないのである。その類似性はおそらくこれまで指摘されてきたより深くにまで及んでいる。（この類似性の理由については、この章の最後のところでいくつかの考えが述べられるであろう。）

断片を注意深く、そして共感をもって調べて行くことがヘラクレイトスを解釈しようとするいずれの試みにおいても最初に必要なことである。断片の多くは、それを英語に完全に置き換えるのはほとんど不可能であろう。にもかかわらず、重要な断片についてはすべて英語バージョンがここで与えられているが、不十分な英語バージョンでもないよりはマシだからである。しかしそういったバージョンは次善のものにすぎず、最善の意図をもってしてもすでにヘラクレイトスの意味についての誤った、あるいは正当と認めがたい憶測と結びついているかも知れないということは常に記憶しておかねばならない。

ミレトスの哲学者の基本仮説に対する彼の姿勢はすでに高度に批判的であるというのがヘラクレイトスの特徴である。ミレトスの哲学者やクセノパネスと同様、宇宙をコントロールする全能の一なる神が存在することを彼は信じている。しかしそういった信念から生じる問題（神と神によってコントロールされるものとの関係、神が課している法を発見する可能性）に関しては、彼は彼の先行者たちよりもっと微妙な立場を取っている。

知識の問題から始めよう。人間というものは騙されやすく、彼らの認識の視野は最上でもきわめて限定されており、その判断は環境次第である。こういったことが初期ギリシア文学のテーマのひとつであった。それに引き替え、ミレトスの哲学者たちは真の知識の可能性についてきわめて楽観的であったと言わねばならない。これはプレソクラティクスの伝統の一部でありつづけたオプティミズムである。しかしクセノパネスはより深いペシミズムを表明している。

人の身で確かなことを見たものは誰もいないし、この後も知る者はないであろう。神々についても、わたしの語るすべてのことについても。たとえ最高に完全なことを言い当てることがあったにしても、それでも彼はそれを知ってはいないのであって、すべてのものは見せかけの内に包まれている。（クセノパネス断片 34）

真実は人間には「臆見」（ドクサ）の見通しのきかないヴェールによって一様に隠されているというこの思想はまったく新しい。この思想の見掛けをアナクシメネスとクセノパネスの宇宙の単一性に関する考えと結びつけるのは自然である。もし神が一切であるなら、見掛けは確かに当てにならない。そして、コスモスの観察は神の計画について一般的な憶測をもたらすかも知れないが、その真の知識は神の精神との直接的な接触によってしか得られないであろう。この断片の内に科学的説明に対してしばしば提起されてきた各種の哲学的懐疑の根があるのである。

ヘラクレイトスもまた、後に見るように、アナクシメネスとクセノパネスに同意して、宇宙をひとつとした。その結果、必然的に、彼は真実はある程度まで「隠されて」いるという点で彼らに同意している。

事物の本性（ピュシス）は自らを隠す習性がある。（断片123）

見えない構造が見える構造の主である。（断片54）

しかし、人間が真の知識を持つ可能性に関しては、彼の考えはクセノパネスのそれより複雑で、全体としてはそれほど悲観的でない。彼の考えはこの問題に関して展開されたいくつかの断片から復元することができる。

最初に、知識を神に結びつけ、神と人間の間の隔たりを強調する指摘がある。

眼識を有することは神の特徴であって、人間のそれではない。（断片78）

大人も神によっては愚か者に見られる。子供が大人によってそう見られるように。（断片79）

わたしがその言うところを聞いた限りでは、知がすべてのものから本性において異なるものであることを知るにいたった者は誰ひとりとしていなかった。（断片108）

知なるものはただひとつであり、ゼウスの名で呼ばれることを欲しもしなければ、欲しもする。（断片32）

なぜなら知はただひとつだからである。すなわち全宇宙を通して万物がそれによってコントロールされている神慮を知ること。（断片41）

これらの断片のうち、最初の二つは明快に表現されている。人間の知識の可能性のすべてをそれらが排除しているわけではないということが重要である。人間は、そのことが人間の固有性とは言えないまでも、ちょうど子供が教育されうるように、理解にいたるかも知れないのである。後者の二つの断片は知恵を神の独占物としている。神は、宇宙の基礎にあって〔世界を〕コントロールしている一なるものとして、「他のあらゆるものから異なる」と言うことができる。ゼウスは伝統的に最強の神であるがゆえに、「ゼウス」の名はふさわしい。それが雷と結びついているということがヘラクレイトスにとっては重要であった。ここでヘラクレイトスによって使用されている「ゼウス」という語の形の内にはまたζῆν（生きる）という動詞へのもっぱらヘラクレイトス的な関連づけもあるのである。知恵が真に生きる唯一のものの属性であることを示唆しようと彼はしているのである。言葉間の類似性によるこのような仄めかしがヘラクレイトスにおいてしばしば見られる。彼にとって言葉は重要な真理を含んでいるのである。（そのように、断片79においてもまた、神に対して用いられた語は「ダイモーン」であり、この語もまた「知る者」を意味すると考えられる。）他方ではしかし、「ゼウス」の名はその伝統的な結びつきのゆえに不適切でもある。

これらの断片が語っている知恵は単なる知識とは区別されねばならないのかも知れない。形容詞「ソポス」は、伝統的には、実際的な言外の意味を持っていた。すなわち「賢い人」というのは助言を与えることができる人、ある観点においてうまく行為し、あるいは振る舞える人のことであった。先に引用した最後の断片の言葉遣いは不明瞭である。知恵というのは、単に宇宙がコントロールされていることを知るだけでなく、宇宙がコントロールされる仕方を知ることでもあるということをそれは意味しているのかも知れない。

しかしたぶん、真の知識のいくらかは人間によっても獲得可能であるとヘラクレイトスが考えていたこと、そしてそれはどのようにして獲得されるべきかについて何ほどかのことを彼が語ったことは他の断片から明らかである。

見たり聞いたりすることによって学ぶことができるもの、そういったものをわたしは最高度に尊重する。（断片55）

知恵を愛する者は実に多くのことを知る者でなければならない。（断片35）

博識は分別を教えない。（断片40）

その魂がそれらの言語を理解しえない者にそれらが属する場合、眼や耳は人間にとって悪しき証人。（断片107）

ここで再びヘラクレイトスはミレトスの哲学者のそれを洗練したような立場を取る。彼は別のところで伝統の権威への盲従を攻撃しているが、それと軌を一にして、ここでは直接探究の重要性を再確認しているのである。しかしそういった探究の結果はそれら自身において終わるものではない。すなわち眼と耳の証言を解釈することができるためには知性（ヌース）を持つことが必要なのである。現れたものから隠れた真理にいたるステップは外国語の発言の翻訳に似ている。ヘラクレイトスはこのステップに対して別の二つの比喩を与えている。断片56は「人間は現れているものを認識するのにホメロスと同じような仕方で騙されている」と言う。そして、ホメロスが彼に投げかけられた謎によっていかに困惑させられたかという逸話を物語ることによって、この点の説明を進めて行く。断片93において彼は意味ありげに次のように述べている。

デルポイの神託所の主たる神（アポロン）は語ることも隠すこともせず、印を与える。

現れから真理に達するには、解釈し、謎を解き、あるいは神託の意味を見抜くことが必要である。しかしこれは人間の能力の範囲内にあることのように思われるかも知れないが、大部分の人間には決して果たしえない何事かなのである。ヘラクレイトスは通常の人間の愚かさ、彼らの間で知識として通用しているものの愚かさを攻撃するのにきわめて激烈である。彼らは自分の私的な世界で眠っている者に比せられる（断片1、断片2、断片73）。両親の語ることを信じているだけの子供たち（断片74、断片79）、見知らぬ人に吼えかかる犬（断片97）、「居ないのと同じ聾の人」（断片34）。どんな話にも興奮する愚か者（断片87）。人間の考えは児戯にすぎぬ。彼らはそれに子供のように戯れる（断片70）。これらの譬えによってなされている指摘は明らかである。しかし時には言説はもっとあからさまである。

大多数の人間はそういったことに出会ってはいても、それを悟らない。[原注] また彼らは教えられても認識せず、自分の思いのみに耽っている。（断片17）

他の人間どもは、ちょうど眠っている時にどれだけのことをしたか忘れているように、目覚めていても何をしているか気づいていない。（断片1より）

評判の最も高い者と言っても、世間の通説を守っているにすぎない。（断片28より）

（原注）アルキロコスの有名な詩行へのあてつけ（fr.68 Diehl）。

特定の個人名を挙げて攻撃する断片がこれらの断片につづいている。ヘラクレイトスは彼の同時代人の中から知識や知恵の点で広く名声を得ていたあらゆる人を取り上げて攻撃した。ホメロス、ヘシオドス、アルキロコス、ヘカタイオス、クセノパネス、そしてピュタゴラスである（断片40、断片42、断片57、断片129）。知られている限りでは、ミレトスの哲学者たちがこれを免れているが、たぶん偶然でないであろう。もっとも多くの断片の中で彼らの見解の多くについて批判が含意されているが。特にアナクシマンドロスは少なくとも一箇所において批判されている。これらの在庫一掃の処分は確かに偏執狂を思わせるものがある。それも、それらがそんなにも広範囲に及ぶからという理由でではなく、そういったことを行うには明らかに多大のエネルギーが費やされたであろうという理由からである。ヘラクレイトスは単に読まれるためにのみ書いたのではなく、聞かれ、記憶の中に反響するように書いたということは記憶しておかねばならない。

もしヘラクレイトスが大多数の人間によって示される理解力の欠如ということにそんなにも固執するのであるなら、真理へといたるためのさらなる教示を彼は与えるべきだというのが唯一理屈の通じる話であるように思われよう。謎解きの話は人間のコントロールを超えたある種の啓示が必要であることを示唆している。そしてこのことは、たぶん、もうひとつの暗号めいた断片によって確認されるであろう。

期待しないなら、望外のものを見出すこともないであろう．それは〔その時には〕追跡されることもなければ、どのような道もそれへと導くことはないから。（断片18）

いまだこの指摘の適用は不確かである。ある種の啓示が必要であるというのはもっともらしいが、いかにして人が真の洞見にいたるのかは決定されぬまま残されているのである。真の知恵は、先に見られたように、密接に神に結びつけられている。そしてそのことはさらに、知恵を深めて行くと人は神のようになるか、神の一部になるということを示唆している。どのようにしてこれがなされるのかというヒントは、この章の最後に見出されるであろう。

もしヘラクレイトスが真の知恵にいかにしていたるか人々に告げていないなら、彼は次善のことをしている。彼は彼自身の洞察が彼に示した真理をふさわしい神託のスタイルで彼らに伝えているのである。これらの真理はヘラクレイトスがロゴスと呼ぶものの内容である。ロゴスは彼にとって明らかにいくつかの断片におけるテクニカル・タームである。しかしその意味が直ちに明らかであるわけではない。

ロゴスという語はこの時代の通常のギリシア語においては次のような一連の意味を有していた。「言葉」、「物語」、「計算」、「比」。これらはすべて異なる文脈において可能な訳語であり、すべてヘラクレイトスによるロゴスの使用に関連している。ロゴスがテクニカル・タームとして用いられているように見える断片は次の三つである。

ロゴスはこの通りのものとして常にあるのだが、人間どもはこのロゴスについていかなる理解も持っていない。それを聞く前も、直接それを聞いた後も。万物はロゴスにしたがって生じているのだが、彼らはそのいかなる経験も持たぬかのようである。（断片1）

ロゴスは公的であるが、大多数の人間は私的な理解の源しか持たぬかのように生きている。（断片2）

わたしに聞くのではなくて、ロゴスに聞いて、万物がひとつであることに同意するのが知というものだ。（断片50）

これらの断片の最後のものは、ロゴスはヘラクレイトス自身が言わねばならないかも知れないところのものとは独立したものであることを示している。最初のは、それは宇宙的法則の表現であることを示唆する。このことは次の断片によっても裏づけられる。次の断片はまたロゴスが「公的」と呼ばれることによって何が意味されているのかということにもさらなる光を投げかける。

知性でもって語る者は万有に共通であるものによって自らを強くしなければならない。ちょうど国家が法でもってそうするように。否、さらに一層強固な仕方でそうしなければならない。なぜなら人間の法はすべて神の一なる法によって養われているのだからである。（断片114）

ここで目論まれているアナロジーは、国家の法は私的な利害の上位に立つものであるからこそ国家を強くするということである。それゆえ、「偏りがない」という意味とすべてのものが等しくその利益に与るという両方の意味において、それはすべてのものに対して「共通（公的）」なのである。同じ意味において、ロゴスはすべてのものにとって等しく真であり、等しく近づきうるものであり、私的な関心を踏み越えて行く。そう言うべきだとするなら、それは客観的であり、主観的でない。しかしロゴスが表現する法、すなわち「神の法」は、人間のいかなる法よりはるかに厳格で、例外を認めない。それゆえ「知性でもって語る」ということは、どのような善良な市民より一層注意深く「法を守る」ということを意味するのである。

ここでロゴスという語に与えられているミニマム・センスは、それゆえ、「宇宙の法則の真の根拠」といったようなことである。しかしそれがすべてであるなら、なぜヘラクレイトスがロゴスという一語によってこれを意味することを選んだのか、説明するのは難しいであろう。彼の気質を思えば、この語の内には隠されたさらなる意味の層があるのかも知れない。手掛りはこの時代のロゴスの意味の発達に見出されるであろう。前五世紀の前半に「合理」とか「道理」といった意味が十分確立されたように思われる。この意味はたぶん「比」という意味からの一発展である。このことはヘラクレイトスにおいてすでに証明されている（断片31）。何が合理的であり、何が合理的でないかは、ある意味で、比の内にあるか外にあるかということである。直接的な証言はないが、この発展はすでに前六世紀の終わりには進行していたように思われる。ヘラクレイトスはここではその上に立って語っているのである。もしこのことが正しいなら、彼の思想は、ロゴスは宇宙における比ないしアナロジーを表現するということである。それゆえロゴスは比によって合理的であり、それが表現するところの法則であるということであろう。ロゴスの合理性はさらにヘラクレイトスが直接的には解決を与えていない問題も解くことになろう。すなわち、それ自身の真理性のどのような「公的」な証拠をロゴスは持っているのかという問題である。それは個人的啓示ではありえない。

もしヘラクレイトスが彼の宇宙説明において実際に比とアナロジーに訴えていたということが示されないのであれば、以上のことはすべて未確認の憶測にとどまる。実際はしかしそのような訴えはすでにいくつか引用されたのである。譬えはすべてアナロジーと見なしうる。断片79には比への直接的な言及がある（子供：大人＝大人：神）。この章の後半部において、真理への案内役としてアナロジーという考えが実際にヘラクレイトスの心中にあったことが明らかになるであろう。言葉と事物、文章と出来事の間にアナロジーを創り出す試みが彼の尋常ならざる文体の原理のひとつであることが明らかになろう。とりわけヘラクレイトスが日常の経験から引き出されたさまざまな逆説的な事態を記述している多数の断片のポイントを説明するものは、アナロジーを適用することにおけるそれらの価値なのである。それらの断片にこれから向かうことにしよう。

以下の断片を考察しよう。

海は最高に清くもあれば、最高に汚くもある。魚にとっては飲むことができ、生命を与えるが、人間にとっては飲むことができず、致命的である。（断片61）

弓は、名前はビオス〔生〕であるが、働きは死である。[原注]（断片48）

上り坂と下り坂はひとつの同じもの。（断片60）

病気は健康を嬉しくありがたいものにする。飢餓と満腹、疲労と休息についてもそう。（断片111）

（原注）ビオスは「生」の意味でも「弓」の意味でもありえた。

これらの四つの断片がここに選ばれたのは、その中には疑いもなくヘラクレイトスの実際の言葉が見られるからである。これらは、そのポイントがここでのように通常の経験から単一の方法で引き出されている断片のグループ全体を代表するものである。最初の三つはそれぞれ単一の親しみ深い主題を考察に向けて提示し、そこからその主題の統一の内部にある種の反対が同時存在することを示すことへと進む。四番目は明白な統一体を与えないので典型的という点では劣るが、しかしその代わり、名称上反対のものがそれらの最も本質的な性質に関して互いに依存し合っていることを示している。別の重要な違いは、四番目の断片においては件の反対は継起するものと考えられていて、同時存在するものとは考えられていないように思われるということである。

これらの断片を抽象的に見ることは、ミスリーディングになるかも知れないあるパターンをそれらの上に被せることになるということに留意する必要がある。ヘラクレイトスは自由に駆使できる抽象的な語彙を持たなかった。少なくとも、右に提示された断片のひとつ、「坂」は、単一の主題の中に反対が同時存在しているということではなく、反対そのものの同一性を主張しているように読める。「上り坂」は「下り坂」の反対である。しかしそれでもそれらは同一の坂なのである。他の断片は、ヘラクレイトスが実際に言わんとしたことは、ある反対は単に同時存在したり、互いに依存し合ったりするだけでなく、互いに同一であるということであったことを明らかにしている。

〔ヘシオドスは〕昼と夜が何であるか知っていなかった。それらはひとつなのである。(断片57)

生きていても死んでいても、目覚めていても眠っていても、若くあっても年老いていても、われわれの中にあるのは同じものである。このものが転化してかのものとなり、かのものが再び転化してこのものになるのだから。(断片88)

ここでは反対の同一性が、それらが互いに転化し合うという事実から演繹されている。これは相互依存の強い形である。アナクシメネスとクセノパネスの考え方を思い起こすなら、少なくとも部分的に、これらの単一化に対するヘラクレイトスの動機が何であるか、明らかである。彼は、予想されるように、知覚世界の多様性に余地を残しつつも、宇宙が真の統一体でありうる方途を見出そうと専心しているのである。ここで再び彼はわれわれがクセノパネスにおいて見出した問題を取り上げ、よりよい解決を見出そうとしているのである。アリストテレスによれば、クセノパネスは「明瞭なことは何も伝えておらず」、「ただ天界全体に目を向けて、神は一なるものであると言うのみであった」(『形而上学』986b21-5)。

したがって、これらの断片は経験から引き出されたヘラクレイトスのアナロジーであって、一般に対になった反対の同一性を論証することを狙ったものなのである。このために彼は反対がさまざまな仕方で互いに解き離しがたく結びついていることを示す例を集めている。明らかにこれらの例が彼の書のかなりの部分をなしており、そしてまたそれらは、目論み通り、常に多大の関心を惹きつけてきた。歴史的観点からそれらに関心が持たれるのは、初めて細心に探し出された哲学的「実例集」としてであり、そしてまた前五世紀後半に詭弁的議論のために作られたアポリア集の先触れとしてである。それはまた、前四世紀に論理学の創始者たちがそれに基づいて彼らが考案した道具〔論理学〕をテストし、また洗練化した題材としても役立ったものである。それらのあるものは今日も哲学の議論の問題でありつづけているし、また哲学とも宇宙論とも関係しない多くの想像力を刺激してきたし、また刺激しつづけている。

反対の同一性のこれらの例から「一切はひとつである」ことをわれわれに告げるロゴスへと戻る道が、あらゆる特殊状況からの一般化をヘラクレイトスが目に見える仕方で試みている二つの注目すべき断片を貫いている。人間について、一般に、彼は次のように不満を述べる。

行き違うものがどうして調和するのか、彼らは理解しない。弓とリュラのように「逆向きの構造」

(παλίντροπος ἁρμονίη) といったものがあるのだ。(断片51)

この陳述の最初の部分は明らかなように見える。行き違うものが調和するという「逆説」によって例示される一般的真理が人間どもには理解しえないのである。「行き違う」と「調和する」と訳された語の第一義的な意味は「引き離される」と「引き合わされる」ということであり、それゆえある種の交代する動きをそれらは示している。

第二の部分でヘラクレイトスは彼が考える一般的状況のさらなる記述へと進んでいるが、これらの語をどう解釈するかに多大の議論が費やされてきた。この箇所と断片54で「構造」と訳されているἁρμονίηは「ぴったり合う」という意味の動詞ἁρμόζειν から派生した名詞である。この名詞はホメロスの中に大工や石工のそれのような具体的な「取り付け」に関連して見られる。しかしまた別の意味では、「条約」や「誓約」のそれである。動詞も初期ギリシアにおいて同様な意味範囲を示している。その基本的概念は、二つないしそれ以上の異なる構成要素を単なる部分の総和以上の構造を作るために相互に調整するそれであるように思われる。この基本的意味は前六世紀の後半にはなお生きていた。というのは、それが副次的な特別の意味、音楽の「音程」の意味を発するのはおよそこの時代だからである。この派生の背後にある考えは、一定の仕方でリュラをチューニングする際に音楽家が奏でることのできる音が音の特定の高低システムを形作るように弦を相互に調整するそれであるように思われる。

ἁρμονίηをヘラクレイトスはきわめて広い意味で使用したと推測するのは理に適っている。「構造」という訳語はこの意味の広さを表現しようとするものである。[原注] しかし、「相互調整」の観念を完全に捕らえることには、それは失敗している。ἁρμονίη という語が自然に弓とリュラに適用されている仕方はかなり明らかである。弓に適用されているのなら、それは単純に弓の腕の構造を指しているのかも知れない。合成弓におけるように弓が複合的である場合であるが。あるいはそれは腕と弦が相互に調整された弦を張った弓の構造を指しているのかも知れない。第二の解釈の方が明らかによいように思われる。というのは、それはあらゆる種類の弓に当てはまるからであり、また弓が休止している時には弦と腕は異なる方向に引き合い、引かれる時には異なる方向に動くからである。その結果、それらはまさに反対の和合の適切な比喩となるのである。リュラに適用されているのであれば、ἁρμονίη は弦の張られていないリュラの構造を指しているのかも知れないし、合わされているにしろ、いないにしろ、弦を張ったリュラの構造を指しているのかも知れない。あるいは特定の音程に合わされたリュラのそれを指しているのかも知れない。結び付けられている反対が何であるかはここでは必ずしも明らかでない。

(原注)「構造」の意味の進化については Oxford English Dictionary を参照のこと。

これらの可能性の中から選択し、二様の比喩のポイントを把握するには、ヘラクレイトスが ἁρμονίη を修飾するために選んだ形容詞を理解することが必要である。断片の証言は παλίντροπος と παλίντονος に分かれる。これらのいずれにおいても接頭辞 παλιν- は「逆に」、「反対の方向に」という意味に解されねばならない。しかし、-τροπος は「向く」という観念を表現し、したがって変化する運動の観念を表すのに対し、-τονος は「伸びる」とか「張る」といった観念を表現し、静止的な状態を指すように思われる。παλίντροπος の方がここでは直接、間接に一層よく証拠づけられる。パルメニデスは、たぶんヘラクレイトスへの言及と思われる一節において (DK 28 B 6)、παλίντροπος を強調して使用している。しかしこれらの外的な諸点はそれ単独で決定的であるほどには強くない。意味の考察がなされねばならないのであり、それらは二つの形容詞間の選択をヘラクレイトスの思考様式に関するより広汎な検討の一部とするのである。

もし παλίντονος が正しいなら、そのときには弓とリュラは機能してはおらず、休止し、緊張の状態にあると考えられる。実際、弦を張られているとき、両者共にそうなのである。もしそうなら、反対の合一ということは静止的状態において、すなわち対立する力が互いに均衡する平衡点において、自らを最も典型的に表現することになろう。

もし παλίντροπος が正しいなら、弓とリュラは使用されている状態で考えられている。それらが固有の働きをなすということは、それらの込み入った構造の反対ないしは交互の方向への運動を含意する。これを弓について説明することは容易である。それをリュラに適用すると、ἁρμονίη の特別な音楽的意味を考慮に入れ、反対の方向への運動をメロディーが上がったり下がったりする時の音の高低の交替と取るのが最善であるように思われる。もしこれが正しいなら、反対の合一ということは反対方向へ交互に変化する運動において自らを最も典型的に表現する。

これらの二つの対立する解釈は、便宜上、ヘラクレイトスの「緊張的解釈」と「振動的解釈」というように分類されるかも知れない。これらは共に少なくとも前四世紀まで遡ると思われる。ここでそれらに最終的な決定を下すのは適当でない。(リュラに適用されるような παλίντροπος ἁρμονίη の音楽的解釈はいくつかのさらなる証言(DK 22 A 22)によって証拠づけられるということが付け加えられるかも知れない。)

いずれの方向で理解されるにせよ、少なくとも断片 51 がヘラクレイトスの思想の核心部分であることは明らかである。反対の合一についての一般的真理が、広い意味射程を有するἁρμονίηという語をその最大限の一般化において取り上げることによって、そして弓とリュラの比喩によって言わばそれに支え棒をして、表現されているのである。もうひとつ別の断片に、同じラインにそって一般化を行う等しく注目すべき試みがある。

繋がり：全体と全体でないもの、集まるものと離れるもの、共鳴するものと共鳴しないもの。万物から一が生じ、一から万物が生じる。（断片10）

ここで「繋がり」と訳された語が正確に何であったかは疑わしい。二つの読み方が考えられる。しかしいずれの場合でも語の意味はἁρμονίηのそれに近い。「繋がり」は断片51で述べられた一般的状況の特定の例である、断片10のポイントは、これらの例すべてについて一般的陳述をなすにあたって、それ自身さらなる例を供給するということであるように思える。断片10のパターンは典型的な「パラドックス断片」のそれであり、断片60と断片61がその例である。いわば「繋がり」という概念はそれ自身「繋がり」なのである。

今考察した二つの断片はヘラクレイトスの思想の核心部分をなす。神と観察される世界の本性およびそれらの相互関係に関する彼の教説は断片51の適用と見ることができる。彼の教えに統一を与え、彼の言うあらゆるものにおいてロゴスにしたがって行くという（断片1の内に含意された）彼の主張に実体を与えているものは、この事実なのである。

いかにして新しい神学が新しい種類の宇宙論を創始したか、またいかにして基礎的な問題がすぐさま現れねばならなかったかが前章で示された。一般に、ミレトスの哲学者にとって神はすべてであったのかなかったのか、問われねばならないであろう。もしすべてであるなら、その時には、観察しうる世界のかなりの部分に関して、多様性、無常性、明白な欠陥、そして自己矛盾といったものを説明する問題が生じてくることになる。しかしもしすべてでないなら、その時には神と宇宙の関係、そして一方が他方の上に行使する支配の本性とメカニズムの問題が生じる。アナクシマンドロスはどのような精確な思想もこれらの問題に用意することができなかった。アナクシメネスとクセノパネスの両者は、たぶん問題の深刻さに気づくことなく、過激に問題を解決しようとしたように思われる。

ヘラクレイトスは「統一する人」であり、彼がその主張をロゴスの適用の上に基づけたことはすでに見た。ἁρμονίη の教説の宇宙全体への最も明白な適用は以下の通りである。

> 神は昼と夜、冬と夏、戦争と平和、満腹と飢餓である。それが姿を変えるのは、ちょうど火が香料を加えられると、それぞれの香りに応じて名を得るのと同様である。（断片67）

「昼—夜」、「冬—夏」といった重要な反対のペアが神の異なるアスペクトとされることによって統一されているのである。その結果、神は少なくとも一定のスケールの宇宙的交替の時間を通して統一を与えるものとなる。「戦争—平和」、「満腹—飢餓」は別のスケールの宇宙的振動に対するヘラクレイトス流の命名と考えるべき理由がある。したがって、宇宙の統一ということは、本質的に、宇宙的スケールの過程はすべて神の状態の振動であるという事実において成立するものであることになろう。ちょうどそのように、祭壇の火はそのままありつづけるかも知れないが、しかし、異なる香料がそれに投げ込まれるにしたがって異なる香りを放ち、それによってそれぞれの異なる時にそれとして同定されるのである。香料は火にとって非本質的なものであるがゆえに、この比喩は表面的な見かけと隠れた統一の間にギャップが存在することを弓とリュラのそれ以上に示唆している。

断片67は、ヘラクレイトスにとって神学と自然学はひとつであることを示している。しかし神は単にこの断片が示唆するでもあろうような法則のごとき自己調節するメカニズムではない。自ら動き、振る舞いにおいて法的であるものを、死んでいるか、心がないと考えるのは、いずれの時代のギリシアの思想家にとっても自然でなかった。ミレトスの哲学者とクセノパネスにとってそうであったように、ヘラクレイトスにとっても神は当然卓越した生きた知性体である。クセノパネスはいつものように教授的である。彼は彼の神について次のように告知している。

〔神は〕労することなく、心の想いによってすべてのものを揺り動かす。（断片25）
神はその姿においても思惟においても死すべき者どもに少しも似ていない。（断片23）

ヘラクレイトスの神が心を持っているということの証拠はすでに示された。それは断片32、断片41、断片108からなるが、それらは、万物がそれに基づいて統治されている計画を知る唯一の存在として、神に知恵を帰している。したがって、神の心は神がそれに基づいて行動する計画を思惟するところのものであり、クセノパネスの場合と同様、けだし思惟と行動の間には何らの間隙も存在しないのである。この計画、断片41の γνώμη〔知〕を、断片114の「神の一なる法」と同一のものと見なすことは自然である。この断片もまたすでに引用された。

もし神が心を持つとすれば、明らかにさらなる問題が立ち上ってくる。この心はどこに位置するのか、そして何がそれを宇宙の内容の残余のものから区別するのかと問うことは自然である。「隠されている」が、しかし実際のところそれは時間と空間を超えることはできない。アナクシマンドロスとアナクシメネスは「神的なもの」を人間の力の及ぶところを越えたところに置き、通常の物理的特性をそれから奪い取ることによってこの方向で彼らの最善を尽くしている。しかし、ヘラクレイトスにとっては、神は世界秩序の絶えざる変化においてあらゆるところに存在する。どのような形態においてか。ヘラクレイトスは答えてしまっているように見える。すなわち火としてである。

神は火的な心であるということが、人間の魂がその最も賢明な状態においては火と結びつけられることによって間接的に（証言は後で示されるであろう）、火に宇宙の中心の支配的な場所を割り当てる証言によって直接的に、示唆されている。

雷光が万物を操る。（断片64）

この世界は、神にせよ、人間にせよ、誰かが造ったというようなものではない。むしろ一定量だけ燃え、一定量だけ消えながら、永遠に生きる火として、常にあったし、〔今も〕あり、〔将来も〕ある

であろう。（断片30）

この二つの断片にアリストテレス流のヘラクレイトス解釈が付け加えられるかも知れない。そこでは火は万物の質料因である。

コスモス＝火と火＝神の心という等置をどのような正確な仕方で解釈すべきかということはいまだ明らかでない。これらの問題をさらに論じる前に、神の「外的側面」、言い換えると、観察される世界を論じるのが好都合であろう。これに向けて断片30は自然に移行する。

παλίντροπος ἁρμονίη の教説が宇宙論の一般的な図式に面白い影響を及ぼしている。コントロールする神はもはや世界から空間的に離れていないので、コスモスの複数性に対しても、あるいはまたコスモスを空間ないし時間において限ることに対しても、もはやどのような議論も存在していない。断片30はこのいくつかを要約している。コスモスは空間的に限られていないという事実に対しては、ただ沈黙からの議論があるのみである。

コスモスは、アナクシマンドロスにおいてそうであったように、いまだ対立する力間の絶えざる争いの舞台であった。しかし争いは、アナクシマンドロスにおいてそうであったような、神の計画を超えた、そして神的な正義が干渉し、規制しなければならない何ものかではなかった。ヘラクレイトスは明らかにアナクシマンドロスに向けて強調している。

知らねばならぬ、戦いは共通であり、争いは正義であることを。そしてすべては争いと必然によって生じるのだということを。（断片80）

別言すれば、対立するものの永遠の争いとそれらに釣り合いを得させる正義は区別しえないものであり、それら両者は神の計画の必要な部分として生起するあらゆる出来事の内に等しく存在しているということである。したがって、あらゆる出来事はある反対の別の反対に対する侵害と言うことができよう（この意味についてはさらに説明されねばならない）。すなわち「戦い」ないしは「争い」の働きなのである。ここから次のように言われる。

戦いは万物の父であり、万物の王である。（断片53）

しかしそういった侵害のすべてはまた、神の正規の計画の一部である神の法によって下されたものであるがゆえに、「正義」なのである。このことは必ずしも反対間の得点は常に即座に釣り合わされるということを意味しない。計画が一般に一定の則の保持（断片30で述べられているそれ）を含意するということは明白であるが。ある断片において、神の正義が宇宙の秩序を保持するであろうという明白な保証が与えられている。

太陽といえども則を踏み越えることはなかろうからである。さもなければ、ディケー〔正義の女神〕

の助力者たるエリニュス〔復讐の女神〕の見出すところとなろう。（断片94）

ここでのエリニュスは人格化された争い（エリス）である。二つの反対間の「争い」と規則のセットである「正義」の解き難い組み合わせがさらに印象的なイメージにおいて照らし出されている。

時は遊ぶ子供、将棋をする子供である。王国は子供のものである。（断片52）

ここでの「時」は、アナクシマンドロスにおいてもたぶんそうであったように、神に対する名称であり、神の永遠性を語源的に示唆している。無窮の神は将棋をする子供である。彼は宇宙的な駒を規則にしたがって戦いの中で動かしているのである。

弓とリュラのアナロジーに基づいて言えば、コスモスの秩序と統一が対立する諸力の存在に依存しているというのは何ら驚くべきことでない。しかし、断片51を討議する際に示されたことであるが、ヘラクレイトスがそこで考えていたのが反対間の緊張なのか、あるいはそれらの振動なのか、それともそれら両者なのかは今ひとつはっきりしない。弓とリュラが時間において交互に働く仕方、すなわち、弓の腕が後ろに一緒に引かれると、その時には弦が前に出て離れ、またリュラが演奏されるとき、リュラの高音と低音が交互に現れるといった中に表現されている恒常的な何ものかとして παλίντροπος ἁρμονίη は最もうまく解釈されるということが、振動に味方して論じられた。同じ二者択一がヘラクレイトスの自然学体系の解釈においても現れる。「緊張的解釈」をもってすれば、反対間の争いは常に均等に釣り合わされることになろう。ある領域である力によって獲得されたものは常に同時に別のところで反対の力によって獲得されたそれと等しいものによって相殺されるであろうからである。「振動的解釈」をもってすれば、争いはあらゆるところで反対のどちらか一方に味方するであろうが、しかしそれは相互交替的にである。交替はそれぞれが優勢となる期間を限定する法にしたがうからである。

弓とリュラの比喩がすでに宇宙論に対する「振動的解釈」に好意を示していることは明らかである。というのは、弓とリュラが機能するとき、時間における振動があるからである。プラトンがよく知られた一節（『ソピステス』242 D - 243 A）においてヘラクレイトスの緊張をエンペドクレスの振動と対比させているのは、これと矛盾しない。そこでのプラトンの関心は存在論であって、宇宙論ではない。彼は究極的な真実在に関心を持っていたのであって、現れにではない。他の証言の大部分もまた同じ方向を指し示している。かくして、先に引用した断片67は神を振動によって表現される二つのペアになった反対、すなわち昼―夜、冬―夏の少なくとも背後にある統一として述べているのである。そして（テオプラストスの報告がもし信頼できるなら）、戦争―平和、飢餓―満腹もまた宇宙的振動のより長い期間に対する名称だったのである（DK 22 A 1, B 65）。また後代の最高の証言者、アリストテレス（特に『天体論』279 b 14 - 17, 280 a 11 - 19）とテオプラストスは、宇宙的過程の「振動理論」をヘラクレイトスに帰すことで同意している。これらすべてに抗して「緊張的宇宙論」を明白に支持する証言はただの一片も見当たらない。「川」（断片12）と「混合酒」（断片125）の逆説的事態を語る二断片も、宇宙論への直接的な言及に類するものとして言われたものであることを示す何かがもしあったなら、その資格を得るであろう。これらの断片は後に別々に論じられるであろう。

断片30において、コスモスは「一定量だけ燃え、一定量だけ消えながら、永久に生きる火」と述べられている。火と他のコスモスの構成物との関係はさらに次のように語られている。

万物は火の交換物であり、火は万物の交換物である。それはちょうど品物が黄金の交換物であり、黄金が品物の交換物であるのと同様である。（断片90）

火の転換はまず海である。海の半分は大地となり。半分はプレステール〔竜巻〕となる。……大地は溶けて海となるが、測れば大地になる前にあったのと同じ割合になる。（断片31）

これらの三つの断片は宇宙の諸過程が法に似ていることを強調する点で共通している。火が点火されたり消されたりするとき、それは他のものとの交換において受け取られたり与えられたりする時になされることであるから、金を他のあらゆる種類の品物に関係づける標準的な交換レートのような尺度が観察されるのである。金は普遍的に受け入れられるものであるから、交換の媒介となり、価値の尺度となる。コスモスにおける火もまたそうである。断片31の詳細は明らかでないが、しかしここでもまた「割合」が保持されている。けだし、以前大地を創る際に吸収されたのと同じだけのものを海は大地から引き戻すのである。したがって、少なくとも明確なのは、ヘラクレイトスの宇宙論においてはある一定の量を恒常的に保つ法則にしたがって構成物は互いに転換し合うということである。

交換のメカニズムはアリストテレスの証言によって少し照明を得る。

ある者は、あらゆるものは生成と流転の状態にあり、何ものも固定した存在を持たないが、ただひとつ変化の下にあっても存続しつづけるものがあって、それからあらゆるものはその再配列によって存在するようになると言う。これが他の多くの者たちの中にあってエペソスのヘラクレイトスが言わんとしていることであるように思われる。（『天体論』298 b 29 - 33）

しかし他の者〔ここでもヘラクレイトスのことが言われているに違いない〕は、形については何も言わないで、ただそれ（火）を部分が最も微細であるとするだけである。そこで彼らは、一緒にされることによって火から他のものは生み出されると言う。それはちょうど金粉が炉の中で固形の金になるようなものであると言うのである。（『天体論』304 a 18 - 21）

炉の比喩は、素材物の変容に関心を持ついずれのギリシア人にとっても冶金と料理が経験的データを提供する主たる源泉であったことを思い出させる。両者において火は変化の主たる作用因であり、材料の割合は最終物の本性にとって重要なのである。

ヘラクレイトスにおける物理的変化の体系のさらなる再構築はいずれも必然的に推測である。自然な出発点はディオゲネス・ラエルティオスによって保存されたテオプラストスの報告である（IX 8 - 11, DK 22 A 2）。それによれば、四つの主要元素、火、空気、水、土が次のような転換システムによって関連づけられている。

火 ⇕ 空気 ⇕ 水 ⇕ 土

しかしながら、テオプラストスの報告の中にすら、これがストーリーの全体でなかったことを示す示唆がある。以下に呈示される再構成は蓋然性に基づくものでしかないが、しかし証言の大多数とよく調和するように思われる。

二つの主要な反対のペアが選び出されている。

冷たいものが温められ、温かいものが冷やされる。湿ったものが乾かされ、乾いたものが湿らされる。(断片126)

ここから、冷―温、温―冷、湿―乾、乾―湿の交替がヘラクレイトスにとって特別重要な意味を持っていたと推測するのは理に適うことである。すべての変化はこれらの四つの変化の用語によって説明されるという仮定の上に、ひとつの理路整然としたスキームが構成されるのである。このスキームを構成するためには、土、水、空気、そしてある第四のものを、それぞれ、冷＋乾、冷＋湿、温＋湿、温＋乾の組み合わせと同一視することが必要である。この同一視は自然世界に関するアリストテレス理論の一部である。しかし、それをそれ以前には創案されていなかったとすべき理由はないのである。事実、それはそれ自身直ちに二つの反対のペアが重要と考えられてきたことを示唆しているであろう。アリストテレスの場合には、温＋乾の組み合わせは火と同一視された。しかしヘラクレイトスの場合には、この意味での「火」を神的な火の相当物と考えてはならない。それゆえ、テオプラストスの報告の六つに代わって、四つの元素間に八つの可能な変化があることになろう。

すなわち、

空気	⇔	火
=温+湿		=温+乾
⇕		⇕
水	⇔	土
=冷+湿		=冷+乾

断片31から、プレステールは図表の中で「空気」と呼ばれている温かくて湿った元素に対する名称であるに違いないように思われる。このことはその語の可能な語源説明ともうまく合致する。語源説明はヘラクレイトスのそれを「燃える」と「吹く」を意味する二つの動詞と結びつけるのである。ギリシア語におけるその通常の語法は雷を伴った竜巻やハリケーンを指示するそれである。これらすべてがそれをコスモスの温かい大気元素に対して使用される優れた語にしている。

もしこれが正しいなら、断片31が言及しているのは、水—土、水—空気、土—水の変化である。さらにテオプラストスはヘラクレイトスが二つの「蒸発」について語ったことを報告している。ひとつは暗くて湿ったもの、海からのそれであり、もうひとつは明るくて乾いたもの、大地からのそれである。再び二つの蒸発の教説がアリストテレス自身の自然学体系の中に現れる。しかしこの場合もまたそれをヘラクレイトスによって吹き込まれたものでなかったとする理由はないのである。そしてヘラクレイトスの太陽についての奇妙な理論も、これもまたテオプラストスによって報告されているものであるが、本質的に二つの蒸発に基づいている。これらは、したがって、水―空気と土―火の変化に対応するものであろう。この再構成によって求められる他のすべての変化も、火―土のそれを除いて、テオプラストスによって証言されている。それらの多くは、明らかに、普通に観察される事実に結び付けうるのである。

物理的変化の体系のこの再構成が正しかろうが正しくなかろうが、これらの変化がやがて、局所的にも、コスモス全体においても、どのようなパターンを作り出して行くのかという疑問が残る。コスモス全体が二極間で振動するということはすでに論じられた。この見解に対する証言もまた手短に述べられた。いくつかの後代の典拠（DK 22 A 13）から、振動は一〇八〇〇年ないし一二〇〇〇年の周期であるように思われる。一方の極ではコスモス全体が火になるであろう。もうひとつの極においては水になるであろう。「戦い」と「飢餓」という語をヘラクレイトスは火から水への振動に用い、「平和」と「満腹」を水から火への振動に用いたように思われる。

われわれの情報源は、「火」というラベルを貼られた温かくて乾いた元素と、神と結び付けられた宇宙的火、あらゆる変化の下にあり、一元素というよりは変化の過程ないし作用因のようなそれとの間に何らの区別もつけていない。ヘラクレイトスの明白な陳述がない以上、これら二つの間の関係は、温かくて乾いた元素の存在そのものがもし否定されるのでないなら、不明瞭なままに残されたと考えねばならない。この問題は孤立したものでなく、ヘラクレイトスの体系の核心に及んでおり、他の方向から引き出される困難ともリンクしている。いずれにせよ、「火」の概念的曖昧性を指摘しておくことは価値あることである。それは、英語においてと同様、ギリシア語においても、容易に世界の元素としても、変化の作用因ないし過程としても、考えられたのである。

水もまた、しばしばヘラクレイトスのものとされる有名な言葉「万物は流転する」（パンタ・レイ）においても、変化と密接に結びつけられている。この言葉がヘラクレイトスのものとされる起こりは、疑いもなく、川の逆説的な特性に関するヘラクレイトスの次の真正断片である。

川は同じでも、その中に入って行く者には、異なる場合には異なる水が流れてくる。（断片12）

この断片の言葉遣いは、「異なる場合」というのが、異なる時間に入って行くことを言うのか、異なる場所に入って行くことを言うのか、あるいはその両方なのか、決定しないままに残している。異なる時間に係わる場合、右の指摘はより微妙である。というのは、その時にはそれは単に川が多くの異なる水を含むという事実を指摘するというよりは、まさに川であるというそのことは絶えず時間を通してその水を変化させているということに基づいてそうであるということを指摘することになるからである。言い換えれば、同じ川でありつづけるためには、途切れることなく変化しつづけねばならないということである。同じ考えは別のイメージでも伝えられている。

混合酒（κυκεών）も、掻き回されていないと分離してしまう。（断片125）

混合酒はワインとハチミツと大麦を掻き混ぜることによって作られるからであり、これら混合物は、動かしながら飲まないと、別の層に分かれてしまう。混合酒（κυκεών）は、それがそうありつづけるためには、運動しつづけねばならないのである。

川も混合酒も παλίντροπος ἁρμονίη の微妙な例である。しかし、それらのいずれにしても、物理的変化の体系に直接的に適用されることを示唆するものはそれらの内には何もないのである。しかしプラトンとアリストテレスはそういった適用がヘラクレイトスによってなされたと信じたし、彼らの証言（プラトン『クラチュロス』402 A; アリストテレス『形而上学』1010 a 10 - 15）を無下に却下することもできない。しかしながら、以下のことによって彼らの証言があまり説得力を持たないことが示されるであろう。すなわちそれは、プラトンもアリストテレスも川の断片をほとんどヘラクレイトスのものとすることのできないバージョンによって知っていたということである。それは前五世紀後半の「ヘラクレイトスの徒」を自称する哲学者クラチュロスに密接に結びつくものであった。この疑わしいバージョンは次のように言う。「君は同じ川に二度足を踏み入れることはできないであろう。」こういった仕方で変化を通じて恒存する統一体の存在を否定することは、ヘラクレイトスではなく、クラチュロスに特徴的なことであった。アリストテレスはクラチュロスについて、「君は同じ川に二度足を踏み入れることはできないであろう」と言ったということでヘラクレイトスを非難したという逸話を語っている。すなわち彼（クラチュロス）は一度もそうできないと言うのである。この逸話が本当であるにせよ、ないにせよ、クラチュロスがどのような恒存する対象も知覚世界に見出すことはできないと主張することに熱心であったこと、そして彼は自らを「ヘラクレイトスの徒」と称していたことが知られている。それゆえ「川」の第二の版と「万物流転説」がクラチュロスによる「ヘラクレイトス解釈」であることはほぼ確かであるように思われる。ヘラクレイトスは、疑いもなく、断片126が示唆するように、変化は間断なく起こっている、最も安定した対象においてすらそうであるという考えを持っていた。しかしこれはあらゆる対象の構成素が瞬間ごとに完全に変化するという「万物流転説」と同じではないのである。

ヘラクレイトスの宇宙論のそれ以上の詳細についてはほとんど情報がない。特に天体の運動の説明については、太陽のそれを除いて、何も知られていない。太陽について、テオプラストスの報告は次のように言う。太陽は「日々新しく」始まる。それはボール〔鉢〕のような形をした物体であり、その中に大地からの熱い蒸発が捕らえられる。その結果、ボールとその内容物は上昇し始める。そしてボールからの熱が大地に作用し、さらに熱い蒸発を自らに引き上げる。ために太陽は着実に上昇し、ますます熱くなるのである。しかし次第に海への作用が大地への作用に勝り始め、その結果、立ち上る蒸発は、乾いているというよりは、むしろ湿ったものになる。そしてそのことが、火が受け取る養分が次第に少なくなり、正午以降は傾き、最後には鎮火するという結果をもたらすのである。この過程はそれ自身毎日繰り返され、日ごとに違ったボールが必要とされる。日蝕と太陽の運動の四季の変化がこのモデルを用いて説明された。ボールの起源とあり場所については何も報告されていない。諸星もまた発火した物質の詰まったボールである。

この奇妙な理論は次のような推論を許す。すなわち、火はすべて上方に運動する傾向性を有する。ないしは、少なくともコスモスの中心から離れる方向に動く傾向性を有し、それに反して土は内側に運動する傾向性を有するということである。このことはさらに、諸星の領域を越えたところがあり、そこに火は妨げられなければ集まることを示唆している。しかしコスモスの一般的な配置についてのさらなる論述は証言がほぼ完全に欠落していることによって妨げられている。たぶんヘラクレイトスは明示的にはまったく何も語っていなかったのであろう。

ヘラクレイトスの宇宙論が印象主義的であるとするなら、彼の睡眠と覚醒、生と死、そして人間の魂の本性と運命に関する教説はことさらに神秘的であるように見える。アナクシメネスがたぶん、そして他のミレトスの哲学者たちもおそらく、世界における神の役割と人体における魂のそれとの間にアナロジーを想定していたということが先に示された。このことは、個々の魂はその一部を神的な素材から得ており、おそらく死後再びそれと結合するということを示唆している。同じアナロジーがヘラクレイトスの中にも含まれているように思われる。魂は身体を動かしコントロールすることに責任があり、また知性に対しても責任を負っていることは明らかである。それは乾いているとき、最もよくそのことをなしうるのである。

大人も酒に酔えば年端もいかぬ子供に導かれねばならないことになる。よろめきながら、どちらへ行くのかも分からずに。魂を湿らせたのだ。（断片 117）

乾いた魂はこの上なく賢明で、最も優れている。（断片 118）

他の幾片かの証言は、最善の状態にある魂は火であることを確認させる。「魂は蒸発物であり、それから他のものはできている」とヘラクレイトスは言ったとアリストテレスは報告している（『デ・アニマ』405 a 25 - 6）。神秘的な一節であるが、しかし魂が一種の火であることと一致したそれである。別の曖昧に語られた断片、断片26は、いくつかの初期のヒンズー教のテキストと同様、睡眠が魂の火の内なる砦への後退であることを示唆するように思われる。「外なる火」は感覚知覚が消えていることを説明する。同様に、明らかに死後の魂の運命に関する断片（断片24、断片25、断片63）は、運命は死の時に魂がどのような状態にあったかによって決定されると解することによって、最も容易に説明される。善良で賢明なる魂は、それは火であるが、神的な火に吸収されるのであれ、あるいは、ある証言が示唆するように、星になるのであれ（DK 22 A 15）、出立に当たって上方の領域へと登って行くであろう。それほどよくない魂は登って行くのに困難を見出すであろう。冷と湿の混合がそれを下に引っ張るからである。たいていの魂は大地と月の間の暗い領域において一種の煉獄を経験するというプルタルコスの対話篇『月面に見える顔について』の中の不思議な神話は、ヘラクレイトスの考えの幾分かを保存するものであるかも知れない。

魂に関係する次の二つの断片は、重要に見えるが、しかし解釈が困難である。

どこまで行こうと、またどの道を辿ろうと、君は魂の限界を見出すことはないであろう。それほど

にも深いロゴスをそれは有するのだ。（断片45）

魂には己を増大させて行くロゴスが具わる。（断片115）

「魂のロゴス」ということがその本性の真の説明であると期待されるかも知れない。「深いロゴス」は深淵で名状し難いそれということであり、初期ギリシアではごく普通のメタファーであった。魂が深いロゴスを有するということが、なぜその限界（πείρατα）が見出されないのかを説明するであろう。すなわち、それは性格づけされることも定義されることもできないというのと同じことなのである。どのような探究も魂の完全な説明を生み出すことはできないであろう。魂は、それゆえ、限りなく複雑なものであるに違いないのである。同じ結論が断片115によっても示唆されている。魂のロゴスは、もしそれが「己を増大させて行く」のであれば、けだし際限なく大きくなって行くであろう。魂の己を増大させて行く複雑さということは説明されないにしても、これら二つの断片は相互に整合性を有しているように思われる。

これらの断片はヘラクレイトスがその思想体系の中心的な問題に気づいていたことを反映しているというまた別の解釈が提起されるかも知れない。第一に、魂についての教説は、以前に示唆された仮説、すなわち人間は自らを神的なものとする限りにおいてのみ知恵へと進み行くことができるという仮説に対して、幾分、正当化を与えるものであると見ることができよう。人間は、彼らの魂が潜在的に神的であり、その潜在力を現実化することができるゆえに、このことをなしうるのである。これはヘラクレイトスによって意図されていたに違いない知恵—神—火—魂—知恵の関連環を完成する。環の項のそれぞれとの結びつきにおいて、類似の問題が現れる。その各々についてはこの章の中で別々に触れられた。環の項のそれぞれは日常世界とは区別されるものであり、ある意味で超越している。にもかかわらず、それは日常世界に絡みついているように思われるのである。「知恵」ないし「賢者」は「あらゆるものから区別されるもの」である。しかしそれでも、人間が賢明なのであり、そして賢明なる神は他のあらゆるものでもあるのである。神はコスモスである。しかしまたコスモスの上にあるか下にあるのである。火はコスモスの自然的元素のひとつである。しかしまたそういった元素の変化をコントロールする作用因か過程か精神でもある。魂は自然的変化にしたがうが、それでもまたそういった変化の支配者であり、作用因である。関連環の見地において、ヘラクレイトスはこれらの問題すべてがひとつの問題であることを悟ったに違いない。もしそれらの問題を少しでも悟ったとするならば。

ヘラクレイトスが、知性と知的誠実性についての一般的な考察とは別に、まさにこの問題を悟っていたことを示す証拠は断片115と断片10からのみ得られる。これら両断片は、特に無理強いされなくとも、無限の後退が彼の思想によって必然的ならしめられることにヘラクレイトスは気がついていたことを示唆している。断片10は「反対における統一」の最も一般的な記述が同時にその同じ種類の事物の一例であることを示している。したがって、断片10を包含するロゴスは他の諸事物の間にあるそれ自身に言及しているということであろう。ひとたびこのことが認められるなら、お馴染みの「地図」のパラドクスを挙げることができる。地図それ自身を含むある一定地域の地図は、もしあらゆる細部において正しいなら、地図の無限の行列を含まねばならないであろう。すなわち、地図それ自身、地図それ自身の地図、等々と無限に。

さて、ヘラクレイトスにとって、神をコスモスから切り離す唯一のありうる方法は神の精神をコスモスの完全な地図と考えることである。この地図はそれ自身コスモスの中にあるが、コスモスと同一ではない。このやり方によれば、ヘラクレイトス思想の中心的な問題は断片10と断片115によって示唆された「自己地図化」のパラドクスに発していると見ることができる。当然このことはテキストに十分な基礎を持たない理論構築でしかないと反論されるかも知れない。しかしヘラクレイトスが彼の神を宇宙の運行のための「計画」のようなものと考えていたことはほぼ否定しえない事実なのである。それは完全に遂行されるものであり、したがって宇宙の完全な地図との等価物である。ヘラクレイトスの中心問題のこの見方はまた、ヘラクレイトスと初期ヴィトゲンシュタインの間の語り口およびアプローチにおける類似性を説明する助けにもなる。順に並べられた記号によってスピーチを彩るアルファベット順の著述と、同時にはっきりと定式化された一般的法則の展開は、すべての実在は言語において表現されることができる、したがって逆に実在を表現しない言語はすべて偽であるか無意味であるという観念の成長を助けたに違いない。形式論理の新しい「言語」によって霊感を吹き込まれた初期のヴィトゲンシュタインが世界を写し取るものとしての有意味的な言語使用の限界を画定し、そのことによって言語の真の構造の内に反映される実在の構造についていくつかの真理を示そうと試みたように、そしてあらゆる形而上学を無意味として取り壊そうとしたように、ヘラクレイトスも、ロゴスという語の使用によって示唆されて、実在を示す定式としての彼の新しい文章意識をふさわしく構成された言語において物事の構造を示すために使用しているように思われる。断片1において彼は自分を「各々のものをその本性にしたがって区分し、それがどのようであるかを十分に物語った（φράζων）」というように描いている。彼が用いる工夫は形式論理のそれではなく、語源法、語呂合わせ、反定立、そして両開きの旅行鞄のような言葉である。彼は日常の人間の愚かさを攻撃する。ヴィトゲンシュタインが形而上学を攻撃するように。両哲学者共に、言語はいかに使用されるべきかという理想に支配されていて、思想においては体系的であるが、表現においてはバラバラである。両者共に神秘を吐き出し、物事を以前より一層ミステリアスに放置する問題で終わっている。

第4章　ピュタゴラスと西ギリシア

「西ギリシア」というのは、古代ギリシアにおいて「大ギリシア」（マグナ・グラエキア）と呼ばれるようになった地域に対する便宜的な呼称である。すなわち、西地中海、なかんずくシケリアと南イタリアにおけるギリシア人植民地エリアがそれである。当地におけるギリシア人都市の大部分は前七世紀の後半に創建されたが、しかしそれらは前六世紀の全般を通じて旧ギリシア、特にペルシア進駐後のイオニアからの新しい植民の波にさらされた。

西部地域におけるこれらの若い、そしてしばしば大変繁栄したギリシア人諸都市はこの時期の旧ギリシア世界に対して十九世紀アメリカのヨーロッパ世界に対するのと幾分似た関係にあった。それは新しい機会と富を見込ませる低開発の地域だったのである。ギリシア人植民者たちはその地の部族を立ち退かせたり、また取引したりして、豊かな田園地帯に広大な土地を獲得した。新しい都市のいくつかはまた地中海における最も有利な商取引の市場や集積地となるのに適した位置に立地していた。蓄積された富は、シケリアのアクラガスやセリヌスの遺跡から今日でも窺われるように、彼らの贅沢な空間使用や大神殿に、旧ギリシアの水準に比してすら巨大なそれらに、惜しげもなく投入された。イタリア本土のシュバリスは、およそ前五一〇年頃に近隣のライバル都市クロトンによって破壊されたが、それ以前は

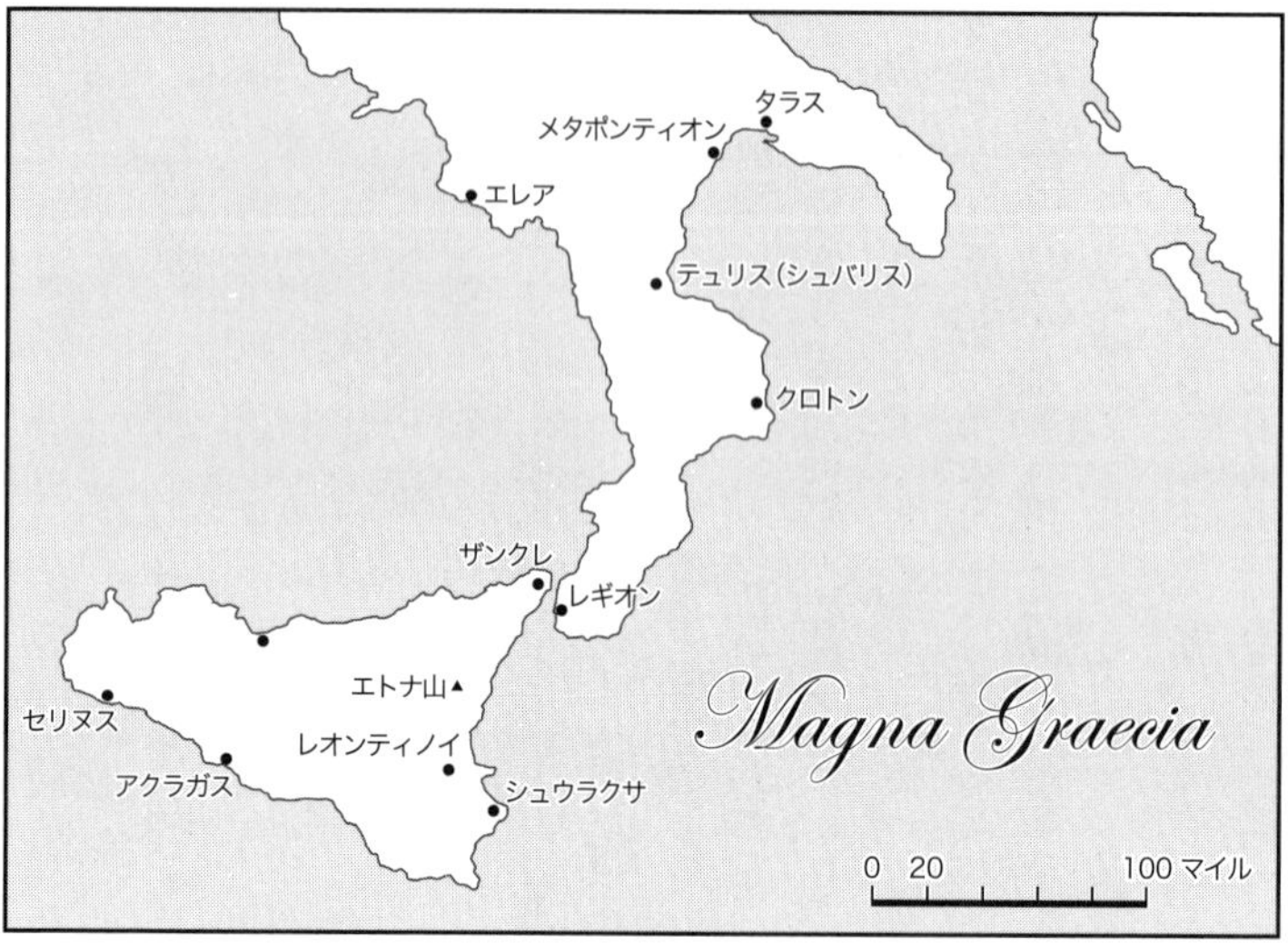

マグナ・グラエキア

奢侈《しゃし》の代名詞であった。

文化的には西部地域は、たぶん前六世紀の終わり頃までは、まだむしろ辺境と言うべき状態にあった。少なくとも視覚芸術においてギリシア本土に依存する状態にあったように思われる。文学においては早くからヒメラのステシコロスという偉大な名が知られていた。しかし前五〇〇年頃にはわれわれはただイタリアのレギオンの二人の市民について聞くのみである。すなわち、神々をミレトス的スタイルの宇宙生成論の中に現れる世界の構成元素をそれぞれ代表するものと解釈するホメロスの寓意的解釈を生み出したテアゲネスと、その断片が宇宙論や天文学への関心を示している優美な抒情詩人イビュコスである。この章の主役のピュタゴラス自身はマグナ・グラエキア（大ギリシア）の生まれではなく、生国のサモスから移住者としてその地にやってきた人であった。

ピュタゴラスの人となりについては、やがてすぐに大量の伝説が生み出された。歴史が本格的に書かれるようになった前五世紀の終わり頃ですら、彼の生涯、教え、それに彼の教団ないし学派の大ギリシア諸都市における活動について、信頼に足る情報はたぶんほとんどなかったと言うことができよう。学派そのものも、その政治的活動がそれをきわめて不人気にしたために、破壊され、存在することを止めてしまっていた。そしてその構成員も、前四五〇年頃には、全員殺されるか、追放された。学派が存在していた間、構成員たちは彼らの師の教説を明らかにしたり書き留めたりしてはならないという誓いに縛られていた。政治的な活動そのものについてすら、公の記録はほとんどない。信頼しうる情報が欠如する中で、ピュタゴラス学徒たちは、あるいは自称ピュタゴラス学徒たちは、誇張した不思議な説明を繰り返し助長して行った。次の数世紀において、ピュタゴラスという名の魔力は、彼の後継者と見なされるか、また自分に「ピュタゴラスの徒」というラベルが貼られることを望む人物が繰り返し現れたほどだったのである。そういった人々は自分の考えをそのヒーローに投影するものである。そのようにして大量の誤伝が積み重ねられて行ったのである。

これらの理由のためにピュタゴラス研究はさまざまな情報源の精査を要するものとなり、そのどれに価値を置くかによってその説明は学者によって大きく異なることとなった。資料の検討に費やす余裕はこの書にはない。以下のピュタゴラスの説明は、一般に、一応信頼できると認められる唯一の証言は前四世紀半ば以前の著者のそれのみであると仮定するところからなされるものである。そしてそれに「ピュタゴラスのアクウスマタ」として知られている教えが加えられる。「アクウスマタ」に関するわれわれの知識は、今は失われて伝わらないアリストテレスの一著作から得られる。前四世紀の半ばにピュタゴラスの教えの真の本性について議論が始まり、「新解釈」なるものが提案されたが、それらはその後の伝承のすべてをひどく混乱させた。今宣言された原則の意味するところは、ピュタゴラスの教説の正確で詳細な説明を与えると称するそれらの資料のすべてに対して一般に懐疑的態度が取られるということである。またそれは、ピュタゴラスと彼の初期の弟子たちのその当時の知的生活への貢献はどのような確かさをもってしても決定されることはできないということを意味する。この結論は失望させるものであるかも知れないが、それが唯一の正当な結論であり、それがまたアリストテレスのそれでもあったように思われるのである。

ピュタゴラスの生涯におけるいくつかの外面的事実はかなりの確かさをもって語りうる。彼は前六世紀の中頃以前にサモスに生まれた。彫金細工師〔ムネサルコス〕の息子であった。彼はイオニアで「博識」の名声を得たが、最終的にはイタリアのクロトンに移住した。この移住は前五二〇年以降ではありえないであろう。その最もありそうな機会は前五二五年以降のサモスにおける政治的騒動である。ピュタゴラスはクロトンでひとつの結社を結成したが、それはそれ以前のギリシアには見られなかった性格のものであった。その構成員が官職を得るために互いに助け合い、一般に政治における議員団のように行動する政治的なクラブは、確かに前五世紀のアテナイにそういったものがあったように、たぶんすでに一般的であったろう。しかし、彼らもまたその団結と彼らの信条によって大きな政治的力を獲得してはいたが、ピュタゴラス学徒たちを第一義的に団結させていたものは生活の規則の遵守と彼らの師の教説の固守であった。ピュタゴラス自身は世紀の変わり目頃に死んだ。ピュタゴラス教団はその後もクロトンおよび大ギリシアの他の諸都市において栄え、しばしばその地の政治を支配したが、最終的には暴力的な反動を招き、滅亡した。
ピュタゴラスについての同時代の証言はヘラクレイトスの二、三の断片とクセノパネスのそれからなる。ヘラクレイトスは率直である。

博識は分別を教えない。もし教えるのであれば、ヘシオドスにもピュタゴラスにも、クセノパネスにもヘカタイオスにも教えたはずだから。（断片40）
〔ピュタゴラス〕嘘つきの元祖（断片81）
ムネサルコスの子ピュタゴラスは誰にもまして研究に励んだ。そしてこれらの著作を選び出して自分の知恵としたが、博識、まやかしにすぎぬ。（断片129）

この最後のものは偽作である。いずれにせよ、ヘラクレイトスはピュタゴラスの中に博識家しか見なかった。単に真理を逸しているのみならず、故意のごまかしを目論むそれである。クセノパネス（DK 21B7）にも、ピュタゴラスのことを語っている皮肉っぽいその調子から判断して、同様に敵意があった。ヘロドトスは前五世紀の後半に著作した人であるが、彼もまたある箇所（IV 95）でピュタゴラスを信じやすい人につけ込むペテン師と見る資料にしたがっている。ヘラクレイトス、クセノパネス、そして彼らの同時代の地理学者にして歴史家ヘカタイオスは、いずれもミレトスの自由で合理的な探究と議論の伝統の内にあった。明らかにピュタゴラスは何かまったく違ったものだったのである。このことは彼の教団についてよく知られているいくつかのことによって確認される。事実いくつかの証言は初期のピュタゴラス派をプラトンのアカデメイアが目指したのと同じ天文学と数学の研究センターのようなものとして提示しているし、より信頼できる伝承もピュタゴラスと彼の追随者たちが、原則としても、実際においても、自由な討論や思弁とは正反対の人々であったことを示唆している。少なくとも基本的な問題においてそうであった。師の言葉が絶対的な権威を持っていたのである。

そこで、なぜピュタゴラスが初期ギリシア哲学の歴史において何らかの位置を占めるとされるのかと問うことは、理由のないことではないのである。どのような自信ある答えもこの問いに与えることはできないであろう。しかし、決して証明できることではないが、ピュタゴラスが説いた考えのいくつかがまさに幾人かの注目すべき哲学者を生み出さんとしていた時期の西ギリシアの知的生活に影響を与えたかも知れないということは考えうることである。

ピュタゴラスの教えの最も証言状態のよい部分は人間の魂とその運命に関するそれである。魂はひとつの単位であり、不死である。それは理性的であり、その行為に対して責任を負っている。その運命はその行為によって決定される。すなわち、人間の身体とか他の動物や植物のそれへの相次ぐ受肉の期間を通してどのように生きるかによって決定されるのである。自分自身を純粋に保つことによって、すなわちこれらの受肉の中でそれに付きまとう身体的情念の汚染から自由でありつづけることによって、それは最終的にその本来の浄福の状態に昇ることができる。しかし罪を犯せば、罰せられ、一層惨めな受肉の内に長く苦しむことになり、そのことによって浄化される。別言すれば、魂は身体の中では本来のあり場所にいないのであって、できる限りそれから離れていなければならないのである。これらはギリシアの伝統ではまったく未知の教えであり、その起源についてさまざまな議論があった。近年、アジアのステップ地帯に居住する部族のシャーマニズムから伝わったことを示す証拠が見つかった。トラキア人とスキタイ人の間にはシャーマニズム的な実践の明らかな証拠があるのである。それらは容易にギリシアに伝播したことであろう。

これらの信仰から生活の固有のルールが禁欲主義であることが出てくる。大ギリシアにおけるピュタゴラス教団は、けだし、このルールにしたがおうとした教団であった。しかしどれほど厳格かつ論理的にこれが実践されたかは、定かでない。例えば、彼らが動物や植物の生命から得られるものを含む食物のすべてを慎んだかどうか、明らかでないのである。「アクウスマタ」という呼称のもとに伝えられてきた戒律は純粋にピュタゴラス的であるように思われる。それらは大部分が「短剣でもって火を掻き混ぜるな」とか「灯火のそばで鏡に自分の姿を映してはならない」などといったタブーの禁令である。子供を儲けることや、したがって結婚は義務として申し付けられたのである。

ピュタゴラス学徒たちは、身体の敵ではあったが、日常世界から逃避したわけではなかった。反対に諸都市の政治に参加し、しばしば支配的な部分を担ったことは確かである。感覚の快楽を断った魂はその時間とエネルギーを使用する別のもっと価値ある方途を見出さねばならない。政治的活動がそういったもののひとつだったのである。ピュタゴラス学徒たちのエネルギーと団結力が彼らをして侮りがたい政治勢力たらしめたことは明らかである。彼らは相当な厳しさをもって彼らの力を行使したように思われる。それが後年における彼らに対する暴力的反動の発生を説明するであろう。

初期のピュタゴラス学徒のその他の諸活動は不確かさの中に隠れている。彼の追随者たちでないとするなら、ピュタゴラス自身が、秘伝を授けられたシャーマンにのみ近づきうるような超自然的な知識と技法の獲得に基づいて、魔術的、奇跡的な力を行使することができると主張したとの示唆が確かに初期の資料の中に存在している。もっと疑わしいことは、純粋に知的な活動が初期のピュタゴラス的生の中に何らかの位置を占めていたかどうかということである。特に数学と天文学の研究が。この点に関する最も初期の証言は前四世紀中葉のものであるが、プラトン的に潤色された解釈ではないかと疑われている。イタリアで活動し、数と比が宇宙の構造にとって鍵であると考えていた「ピュタゴラスの徒と呼ばれている人々」として言及される一グループについてアリストテレスが知っていたことは事実である。残念ながらこのグループは、初期のピュタゴラス派とのその関係がどうであれ、前五世紀の後半に属するように思われる。

直接的な証言は疑わしい価値しか持たないので、この時期のギリシアにおける特殊分野の研究の歴史について別の仕方で知られているものから得られる間接的な指示を見ることが必要である。

数学の歴史において、前一〇〇〇年以前のバビロニアの算術（代数）と幾何学によって到達された最も高いレベルとギリシアの算術と幾何学の独立した知的学問としての出現の間には、われわれの知識に空白が存在する。空白は時間のそれではない。というのは、バビロニアの数学は何世紀もの間、本質的に同じままでありつづけたからであり、前五世紀におけるペルシアの統治のもとにあってすらそうであった。ギリシア数学の最初の確かな達成はその世紀の後半部に属しているのである。個人としてわれわれに知られている最初のギリシアの数学者はキオスのヒッポクラテス（原注）である。彼は前五世紀の最後の一〇年のある時期に『幾何学原本』を著した。それ以前でないとするなら、この著作をもって幾何学は抽象的思考の体系となったのである。算術の発展についてはあまり知られていない。しかしそれも、同じ頃、同じような段階に達していたに違いない。バビロニア数学とギリシア数学の間のギャップは、具体的な問題を解決するための規則の蓄積と自己充足した抽象の体系へのより高次のステップとの間のそれである。

（原注）　同時代の同名の偉大な医学者、コスのヒッポクラテスと混同されてはならない。

それゆえ、二つの主要な問題があるのである。バビロニアの知識のギリシアへの伝播のそれと、ギリシアにおける純粋数学の起源のそれである。初期のピュタゴラス学徒をどちらかの一方に含める抵抗できないような必然性は存在しない。ここで言えることのすべては、彼らは時間においても空間においてもギリシアにおける数学の発展に影響を及ぼすよい位置を占めていたということ、そしていくつかの指示（そのそれぞれは別々ではほとんど価値がない）が彼らがそうであったことを一致して指し示しているということである。事物の構造に対する数と比の重要性が悟られ始めたのはまさにピュタゴラスが生きていた時代においてであった。これを示すものがヘラクレイトスの中に現れている。彼は、先にも見たように、「構造」という概念に向かう道筋を感じ取っていたし、間違いなく比を重要と考えていた。ピュタゴラスのそれのようなこの時代の博識が、音楽、冶金、視覚芸術、医術といった一見無関係に見えるさまざまな経験の分野において、数と比が重要な意味を持っていることを発見したのであろう。音楽において、音程と算術的な比の関係がたぶん知られていた。もっともその発見を直接ピュタゴラスに結びつける物語は単なる伝説と考えねばならない。冶金においては、さまざまな合金を造るための定式がもちろんそういった合金を鋳造していた人たちに知られていた。ヘラクレイトスは彼らに注意を払っていたように思われる。彫刻と、一般に視覚芸術において、人間の身体や他の自然物の写実的な表現に向かう決定的な一歩が踏み出されたのはまさに前六世紀の終わりと前五世紀の初めにおいてであったが、それは長さの割合の大切さに気づかずしては果たされなかった企てであった。医術において、一定の病の内に観察される周期性が最初期のギリシアの医術者たちに深い印象を与えた。一般に、人間や動物の生命におけるサイクルが気づかれ始めていた。ここで再びヘラクレイトスを例に挙げることができる。彼は「大年」の長さの確定において人間の生殖のサイクルからのアナロジーによって推理していたと想像される。数と比へのこれらすべての関心源は、彼らについて何事かが知られている前五世紀初期の西ギリシアのあれらの哲学者たちの中に再び現れる。特にアルクマイオン、パルメニデス、エンペドクレスにおいて顕著に。エンペドクレスはこの章の後の方で検討されるであろう。これらの事実を考えるなら、数学研究が「ピュタゴラス的生活法」とよく合致したということ、そしてアリストテレスの言う「ピュタゴラスの徒」(彼らは間違いなく数に関心を持っていた。実際はむしろ取り憑かれていた)がピュタゴラスの後継者をもって任じたということが、しかもこのことは元の学派が解散した後それほど長くたっていない時期にイタリアにおいてであったということが、意味深長となろう。神秘的なテトラクテュス、すなわち四模図、デルポイの神託と秘教的に結びついた音楽、セイレーンの歌などの内に、たぶん初期ピュタゴラス学徒の「数学」の遺産が含まれているかも知れない。これらの諸点のすべてが、幾何学が、もし幾何学でないとするなら少なくとも数が、ピュタゴラスの教えや彼の学派の活動においてある役割を演じていたことを示唆している。しかし、何らかの確かさをもって多少なりともそれらに貢献したとされうるようなどのような重要な前進も数学の内には存在していない。「ピュタゴラスの定理」すらそうである。彼らの「数学」は、算術というよりは数神秘学であったように思われる。しかしそれらは、たとえそうであったにしても、数そのものに対する関心を呼び起こし、事物の構造における数の重要性に気づかせたのである。

天文学も似たような状況にあった。バビロニア人の功績については多くのことが知られている。バビロニア人は個々の恒星や星座の多くに名前をつけたし、古代に恒星との関係で「さまよう星」として知られていた五つの惑星(原注)を区別した。そして太陽、月、惑星の運動の研究をいくらか前進させた。彼らはこれら七つの天体のすべてが天の小帯に閉じ込められ、黄道帯の十二の星座によって占められたはっきりとした軌道を持っているという基本的事実を認識した。これらの星座は彼らが区別し、命名したのである。特に彼らの関心を惹いていた太陽と月の運動を計算するためにかなりの精度を持った単純な数学的方法を彼らは考案した。

(原注)　水星、金星、火星、木星、土星。

こういった知識のいくつかが前六世紀にイオニアを経由してギリシアに浸透してきたことをさまざまな資料が示唆している。天文学はミレトスの哲学者やヘラクレイトスの主要な関心事ではなかった。彼らの関心はもっと広い宇宙生成論の問題にあった。しかしタレスとアナクシマンドロスはたぶんその知識の伝来に巻き込まれていた。前四五〇年以前に天文学へのギリシアの最初の貢献が西ギリシアにおいて見られる。パルメニデスの断片（断片15、断片14）は、月による太陽の光の反射が彼に知られていたことを示している。それゆえ月蝕の原因もまた知られていたと思われる。このことはまた日蝕の真の原因や地球が球形であるという事実が知られていたことを示唆してもいるであろう。しかしこれは推測でしかない。バビロニアと前五世紀の大ギリシアの間の空白に架橋する手立てとして初期のピュタゴラス派を持ち込む議論は数学の場合のそれに類似している。最も穏当な結論はこうであろう。ピュタゴラス学徒たちは天体に特別な重要性を置いていた。特に七遊星に置いていた。そしてこのことがピュタゴラス派の教団の外にいた人々の探究を刺激したということである。われわれはまた当面の問題に関するピュタゴラス学徒の知識を示すいくつかの断片を持っている。太陽と月は「浄福者の島」であり、惑星は「ペルセポネの犬」であり、昴は「ミューズのリュラ」であり、大熊座・小熊座は「レアの手」であった。これらは、議論したり批判したりするよりは、むしろ瞑想されることを意図された秘教的な教義を仄めかす記述である。しかしそれでも、それらは描かれたものに対する関心を刺激するのに役立ったであろう。

音楽の理論的研究は当然数学と連動する。その関連づけはたぶんピュタゴラスの時代までになされており、彼の数神秘学に寄与したかも知れないということが先に言われた。音楽と天体の結びつきが初期のピュタゴラス学徒によって申し立てられたとする示唆もまた散発的に存在する。

それゆえ、これらの領域において、初期のピュタゴラス学徒たちがピュタゴラスの奇妙な精神から出た一定の教義を保存していたということはありそうなことである。しかし彼らは、他の人たちの探究を挑発することによって間接的に行った以外、思想や知識の進歩にどのような貢献もなさなかった。知識に対するピュタゴラス学徒の態度を照らすいくつかの照明は、たぶん、シケリアのアクラガスのエンペドクレスの断片から得られる。彼はその詩がほぼ前四五〇年頃に位置づけられるユニークな人物である。

その人物についてわれわれが実質的な知識を持つ他のいずれのプレソクラティクスとも違って（たぶんパルメニデスを除いて）、エンペドクレスは合理的な批判を受けやすい宇宙論的思弁の伝統に属すると共に、自らをその外にも置いた哲学者であった。彼は、議論の余地なく、二つの詩の作者であった。その両方とも古代末期まで読まれ、称賛された。多くの断片が現存している。後に『自然について』というタイトルが与えられた一方の詩には、あらゆる宇宙論に対してパルメニデスによって唱えられた疑義にもかかわらず、ミレトスの伝統を引き継ごうとする試みと見ることができる宇宙論が語られている。このことが、エンペドクレスの宇宙論が同種類の他の企てと共に第7章で論じられる理由である。後に『浄め』として知られるようになったもう一方の詩には、「争いの誘惑」に屈したことによる無垢の状態からの転落、魂が自らを故郷喪失の異邦人としか感じることができない連続する受肉による罰、そして最終的な神的浄福の回復への道といった、個々の魂の運命の説明が見られる。これらのすべては、その細部の多くの点と同様、明らかにピュタゴラスの教えにきわめて近い親近性を示している。そして、そこにはどのような宇宙論の仄めかしも存していない。自然の法則、あるいは万物のそれ以上分割できない元素への分解といったものは見られない。『浄め』における宇宙の秩序は純粋に道徳的なそれなのである。魂は単一であり、自由で責任を取りうる行為者である。そしてそれがそれ自身以外の構成素に分解されうることを仄めかすどのような示唆もそこには与えられていない。両方の詩の陳述に同時に合致しうる枠組みを作ることはきわめて困難なのである。この意味において、それら両詩の間には、形式的な矛盾でないにしても、不整合があるのである。

この不整合を前にして、エンペドクレスはある時回心を経験したのだと推測することも可能であろう。そして、それが彼をしてミレトス的な宇宙論を退けさせ、ピュタゴラス的な魂の教説に与させたか、ないしはその逆であると推測することも可能である。そのような回心はありうることではあるが、しかしそれを立証する証言は存在しない。あるいは、むしろ不整合は何ら問題でないということを示す方法があるかも知れない。この可能性が探られるべきであるとするなら、両方の詩をもっと注意深く見る必要がある。それも、それらが提出している命題を見るだけでなく、そういった命題に向けてそれらが仄めかしている姿勢もまた見なければならない。

エンペドクレスの独創性は詩人という点にあることを指摘することから始めるのは的外れでない。彼はヘクサメトロスの詩形、すなわち、ホメロスやヘシオドスの叙事詩の韻律で書いている。しかしそれでも、彼は両者に負うところがほとんどない完全に独自なスタイルを生み出しているのである。そのスタイルだけでも二つの詩の著者がひとりの人物であることを保証するのに十分である。それは豊かで輝かしく、託宣的であり、転落した魂の苦しみから呼吸のメカニズムにいたるまで、あらゆる種類の問題を同じように軽々と扱っているのである。それはまた危険を孕んだひとつの書き方でもある。もし詩人が我儘になりすぎるなら、たちまちにしてそれは我慢しがたいほど空虚で騒々しいものになろう。判定しうる限りでは、エンペドクレスは、問題に密着し、遠くまで進みすぎないことによって、そういった危険を回避している。このスタイルが仮面となって、問題に対するエンペドクレスの姿勢を隠しているのである。『浄め』の二、三の断片においてしか私的感情は認められないように思われる。宇宙論詩においてはしばしば、あたかもエンペドクレスは彼の詩的才能を難しい主題で示して見せるためだけに書いているかのように思われるのである。

しかしながら、両詩を形づくっている形式を見ることによって、それ以上のことを学び取ることができる。宇宙論詩はエンペドクレスの若年の友人であるパウサニアスに向けて書かれている。そして世界の本性について授けられる教授の形を取っている。この教授形式はギリシア文学において新しいものではなかった。しかし、知られている限り、宇宙論を語るためにそれが使用されたことはそれ以前にはなかった。導入部と結論部に前ソクラテス期のテキストとしては目新しいものが見られる。パウサニアスは今まさに語られんとしていることを急いで啓示することはされていないが、最終的には一連の注目すべき約束が彼に対してなされるのである。

もし汝がそれらを賢明なる心に確固と刻み、清らかな心づかいをもって好意的に見詰めるなら、それらの教えは実にそのすべてが生涯を通じて汝のもとにあり、それらから汝はまた他の多くの知識を得るであろう。なぜならまさにそれらの教えはそれ自ら成長し、各人それぞれの本性のあるところに応じて、個々人の性格の一部となるのだから。だがもし汝がそれとは別のもの、すなわち人の世にあって想いを鈍らせる無数の哀れむべきものを熱望しようものなら、たちまちにしてそれらの教えは時の巡り行くと共に汝を見捨てよう。それら自身の友なる種族のもとに帰り行くことを望んで。というのも、知るがよい、あらゆるものが思考を有し、知性の一部を分け持っていることを。（断片 110）

病いや老齢を防ぐものとなるすべての薬物を汝は聞き知ることになろう。まことにわたしはただ汝ひとりのためにこのことすべてをなし遂げるのであるから。大地の上に押し寄せ、その息吹によって田畑を荒廃させる疲れを知らぬ風の猛威を汝は鎮めるであろう。また逆に、もしそれを汝が望むなら、汝はそれに対抗する風の息吹をもたらすであろう。汝は人間どものために暗い長雨を変じて時期に適った日照りとなし、また夏の日照りを変じて、天空より流れ出でて樹々を育む水の流れとなすであろう。また汝はハデスから亡き人の命を連れ戻すであろう。（断片一一一）

これらの語や、その託宣的文脈は、明らかに、エンペドクレスが宇宙論を語る目的がいずれのイオニアの哲学者のそれとも大きく異なっていたことを示している。パウサニアスは告げられたことを公の場で批判的に議論することを期待されていない。そうではなく、それをしっかりと受け止め、受け取られた真理として、他に漏らすことなく、観照することが期待されているのである。さらなる発見の余地があることは事実である。しかし基本は挑戦されてはならないのである。これはピュタゴラス的実践であって、ミレトスのそれではない。ピュタゴラス主義とのさらなる類似性は、受け取られた真理の観照はそれ自身一種の魂の浄めであり、人の世の無益な外的些事からのエスケープであるとの示唆によって示されている。イオニアの思考法とのさらに一層奇妙な相違は断片一一一の実践的成果の約束である。それは応用科学の果実の最初の予言なのではない。というのは、その詩の宇宙論的諸観念はたぶんそのような僭越的な自信を決して正当化しえないであろうからである。パウサニアスは天候や病、老齢や死のコントロールを約束されている。別言すれば、彼は魔術師になろうとされているのである。そのような約束をすることによって、エンペドクレスは彼自身がオカルト的なパワーを持った人間であることを主張しているのである。最も明白には「まことにわたしはただ汝ひとりのためにこのことのすべてをなし遂げるのであるから」と語ることによってである。ここにはピュタゴラス主義のシャーマニズム的側面が現れているように思われる。驚くべきことは、イニシエーションの目的が表面上合理的な宇宙論によって進められているということである。宇宙論がここでは魔術の対象として論じられているのである。そしてその観照が魂を助けて外的な関心事から自らをエスケープさせるとされているのである。

この見地からすれば、宇宙論詩と『浄め』の間の不整合はそれほど重要でなくなる。さらなる解明は他のいくつかの指摘によっても与えられる。「死すべき知恵の達したるものにすぎぬとはいえ、汝は学ぶことになろう」（断片2）とエンペドクレスはパウサニアスに約束している。すなわち、宇宙論は最新の研究の成果ではあるが、しかし死すべき者の思考にはまったく近づきえない類のあるより高次の知識を語ることによって、ひとつのコントラストが暗示されているのである。この知識はその前の行において仄めかされている。別のところで彼は「われら束の間の者どもにも聞くことを許されしもの」（断片3）を語るようにミューズに訴えている。そこで、『浄め』はより高次の真理を呈示するものであり、合理的思考には近づきえないものであって、それは宇宙論を否定するというよりは、むしろそれに代わるべきものと考えられていたように思われる。

『浄め』そのものの断片がこの見解にいくつかの支持を与える。真理は人間には近づきえないと託宣するためには、エンペドクレス自身神的存在でなければならないであろう。まさにこのことが詩の最初の行において彼が主張していることなのである。

おお、友よ、褐色のアクラガスの丘の上に立つ大いなる町の高みに住む人々よ。生活のよき規則を実践し、客をねんごろにもてなし、不正を控える人々よ、幸いあれ。わたしはもはや死すべき者としてではなく、不死なる神として、ふさわしい尊敬を身に受けながら、御身らすべての者の間を歩み行く。勝利のリボンと緑の花冠を頭に戴いて。（断片112）

この冒頭の後にわれわれは神の啓示を期待する。それらは「友」という一グループに対してなされるものであって、明らかにアクラガスの市民全体になされるものではない。そうではなく、その描写からすると、ピュタゴラス派のような都市における一小コミュニティーに対してなされるのである。エンペドクレスの神であるとの主張は治療や預言の施しによって裏打ちされており、ために彼は高名なのである。

華やかに咲き誇る町にわたしがいたり着く時は、男も女もわたしを崇め奉る。これらの者たちは万をなして付きしたがい、そのある者は利得にいたる道はどこにあるかと尋ね、またある者は預言を求め、またある者はあらゆる種類の病いについてその治療の託宣を聞こうと問い求める。実際ひどい苦しみに長い間苛まれてきたものだから。（断片112）

これにつづく啓示は、かなりの部分、ピュタゴラスの教えとして知られているものと一致する。しかし肉食の忌避は、ピュタゴラスのそれより一層厳しく、より論理的である。ピュタゴラスは、名は挙げられていないが、非常な知恵の持ち主として賛美されている。しかしピュタゴラスが唯一の権威であることを示す示唆はない。

自然研究に対するエンペドクレスの態度は、ピュタゴラスや彼の初期の弟子たちもまた宇宙論を魔術的な目的のために使用していたかも知れないことを示唆している。シャーマン的な魔術、死後の生についての秘教的教義、政治的活動、そして自然研究という同じ組み合わせが古代中国の道教の哲学者たちの内にも見出されるのが面白い。彼らはピュタゴラスについて知られているものを思わせる多くのものを提供している。

エンペドクレスはとにかくもある程度までピュタゴラスから独立した前五世紀の前半に属する西ギリシアの三人の哲学者のひとりである。他の二人は、高度な独創性とパワーを持った哲学者エレアのパルメニデス(彼の偉大な業績については次章で考察される)と、少し見劣りはするが面白い人物クロトンのアルクマイオンである。このアルクマイオンをここで、この時代の西ギリシアにおける医学的、生物学的思想の発展との関係において、考察することにしよう。

前五〇〇年頃にはピュタゴラスが選んだ町クロトンの医術者たちがギリシア世界において最高水準にあったことをわれわれはヘロドトス(III 131)から知る。「人間の生の中にあって最高の知恵であることを示すもの、医術」はピュタゴラス派の学問のひとつであった。禁欲と身体の鍛練と体の健康の関係は常に明らかであった。次の半世紀の内に、それがピュタゴラスの影響のもとにおいてであったかどうかは定めがたいが、人間と動物の生理のより目立った現象について思弁的な理論が唱えられ始めた。パルメニデス、エンペドクレス、アルクマイオンに関するわれわれの有する報告から、これらの発展のいくつかを再構成することができる。それらはまた彼らによって広汎に影響された前五世紀後半のいくつかの医学上の著作によっても照明を当てられる。

生物学と医学におけるこの時代の最も重要な概念は内的諸力の「クラシス」(混合)のそれであった。いずれの有機体の固有の働きにとっても必要かつ十分な条件としてのそれである。この概念は明らかにヘラクレイトスのハルモニエーと血縁性を有している。それは、複雑ではあるが、しかし原則として数学的に規定しうるところの、そして自然的に対立する諸力をとにかくも一体のものとし調和させるところの内的構造の存在による規則的な働きを説明するものである。クラシス概念は後期ギリシアと近代初期の著述家たちの病気理論において非常に強力であった。それはすでにアルクマイオンの中に医学と政治、動物の身体と政体の間のアナロジーの基礎として見出される。(このアナロジーはたぶんヘラクレイトスの断片114にも含まれている。)動物の身体においては、アルクマイオンによれば、混ぜ合わされる力は温—冷、湿—乾といったごく身近な反対であり、あるいはまた、例えば、甘—辛である。これらがその環境に基づいて働く変化の動因と考えられているのである。それらはすべて身体において必然的である。しかし何らかの仕方でチェック&バランスの体系にしたがっており、その結果、それらの働きはそれらの固有の限界内に保たれるのである。その体系がクラシス論である。ポリスにおいては、さまざまな党派や利害関係が「諸力」である。最も明白には富と貧である。いずれのケースにおいても、もしデリケートなバランスが崩れるなら、ある力のアクションが過度となり、生存にとって必要な生命機能を妨げることになろう。動物の身体においては、これらは特に消化と呼吸である。

クラシスの精確なメカニズムはもちろん曖昧なままに残されたが、クラシス概念はまさに巨大な影響を及ぼしたのである。それは、アルクマイオンにおいてと同様、パルメニデスの中にも、エンペドクレスの中にも見られる。種々異なる有機的体系内における然るべき混合の割合ということに対するエンペドクレスの関心はとりわけ顕著である。

これらの三哲学者の内にはまた生命体の明らかに重要な機能のいくつかに対する新しい関心が見出される。すなわち、栄養摂取、呼吸、生殖、それに知覚である。生殖に係わる問題に関して情報量は最大である。動物の生殖に関する最も明らかな問題は、両親と同じ種と認められる新しい個体が生み出されるのはどうしてか、さらにまた彼らの両親や遠く離れた祖先の特定のパーソナル性格が受け継がれるのはどのようにしてかということである。今日であれば「遺伝情報」とでも呼ばれるであろうものを運ぶ何ものかが要請されることは自然である。それは両親によって貢献されるものである。これが今問題にしている哲学者たちによって「スペルマ」(種子)と呼ばれたものなのである。そこで、スペルマはどのようにして身体内で形成されるのか、何が子供の性を決定するのか、また一般に子供は親のそれぞれから何を受け継ぐのかといった問題が問われねばならないことになる。これらの疑問について、いくつかの細部にわたる理論がすでに前四五〇年以前に大ギリシアにおいて論じられていた。消化に関しては、その基礎的モデルは料理のそれであったように思われる。料理においては特に熱の作用が有用な食材を不用な食材から分離し、有用なそれの間にクラシス(混合)を生み出す。呼吸のメカニズムについては、エンペドクレスの断片(断片100)の中に、一定量の水を容器から容器に移すのに使用されていた簡単な装置における水の振る舞いのアナロジーを使った精巧な説明が見られる。感覚知覚に関してもまたパルメニデスとエンペドクレスによって提唱された理論の報告が見られる（特にDK 28 A 46, 31 A 86）。それらにはアリストテレスの基準に照らしてすら小さなこじつけがあるが、しかし困難な問題への最初の試みとして、興味あるものである。ここはこれらさまざまな仮説についてこれ以上詳しく論じる場所ではない。また身体機能の一般的な規則性に対する脳の役割に関する明らかにアルクマイオンによると思われる一般的観念を論じる場所でもない。アルクマイオンはまた永遠と円環運動の間に本質的な結びつきがあるという考えの父としても知られていたが、この観念はたぶんもっと古いものであろう。恒星も動物種も、両者とも終わることのない円環を描く。個々の人間は「始めを終わりに繋ぐことができないために」死ぬのである。ピュタゴラスが永劫回帰の教説を説いたということは、ありうることである。

したがって、この時代の大ギリシアに生物学や医学の基礎的な問題に関して連続した実り豊かな議論があったのである。人間と、それに動物界が初めて完全に学の主題になったのである。あるいは、少なくとも、人間や動物の身体的観点がである。これを、身体とまったく異なり、それと何らの必然的な結びつきも持たない何ものかとされるピュタゴラス派の魂概念と関連づけるのは自然である。もし人間の中で価値あるものが全然人間のものでなく、追放された神であるとするなら、このことは人間の生理学的事実の研究を宇宙論のもうひとつの分野として独立させることを促進し、正当化するであろう。

実際、もし何らかの定式が一時期の知的発展を要約しうるとするなら、ギリシアのおよそ前五三〇年頃から前四五〇年頃までの時代は「魂の身体からの分離」という定式のもとに要約されるであろう。少なくともそれは、その時代の多くの重要な発展の間に面白い結びつきがあることを示唆しているように思われる。それは、ピュタゴラスと「オルフィック教」という曖昧な項目のもとに分類されるあれらの人々の教えに文字通り適用されるのである。ヘラクレイトスにおいてもまた、この神的な魂の自然的身体からの分離ということはすでにある程度まで生まれていた。さらに広汎に、ヘラクレイトスと西ギリシアの双方において、「理性」ないし「合理的論議」を真理にいたる本来の方途であるとし、それに応じて感覚の明証性を軽視するか、ないしは否定しさえする考え方が出現していた。ここでもまた人間の理性的部分が、事実上、それを取り巻く身体的感覚から切り離されているのである。その結果、最上の部類の知識の対象が自然的存在ないし自然的諸力から構造へと精錬されることとなった。「構造そのもの」の研究分野、それは純粋数学であるが、そういった研究分野が現れる兆候を見せているのである。同時に人間の身体が以前には決して見られなかったほど研究の対象になるが、そのことがこのことと矛盾するのは表面上のことでしかない。それと平行して、視覚芸術において、人間の身体や他の事物がそれ以前には一度も獲得されたことがないような自然性をもって表現されるようになった。このことは構造の重要さが比の形式において意識されたことによって果たされたものなのである。当然、この「定式」は漠然としたままになっていた思想のいくつかをグループ化するための手段として取り上げられることになる。もっともそれがこの時代に起こりつつあったあらゆる問題に対する魔法の鍵となったわけではない。この時期の思想の最も深い表現がさらに考察されねばならないのである。エレアのパルメニデスの哲学がそれであり、それが次章の主題である。

第5章　パルメニデスとゼノン

前五四〇年頃の南イタリアにおけるエレア市の建設についてはすでに述べた。市は目立たない地方史に沈んだ。しかし哲学においては前五世紀の前半に哲学者として活躍した二人の市民のためにその名は他のどのポリスのそれにもまして不朽である。すなわちパルメニデスとゼノンである。前者の誕生はほぼ確実に前五一五年頃、後者は前四九〇年頃である。

パルメニデスはその思想のほぼ完全な、連続した自身の言葉による説明をいまだわれわれが有する最初のプレソクラティクスである。これがそうであるのはまったくひとりの人物によることであって、新プラトン派の学者シンプリキオスのお蔭なのである。六世紀の初頭に書かれたアリストテレスの『自然学』への彼の注釈書の中にシンプリキオスはアリストテレスのコメントを例証する形でパルメニデスの学説詩から大きな抜き書きを引用したのであるが、それは特に、彼の言うところによれば、パルメニデスの書が稀少化していたからであった。それゆえ、パルメニデス自身によって意図された仕方でパルメニデスにアプローチすることがほぼ可能なのである。この章は、立証される限り、そういった道を辿って行くであろう。

パルメニデスが彼の思想をヘクサメトロスの韻文で表現したということは留意に値することである。

これは近代の哲学者が韻文で書けばそういうことになったかも知れないような、奇妙な、あるいは馬鹿げたことではなかった。韻文は特に記憶されることが意図された託宣にとってはなおふさわしかったし、またふさわしいと感じられたのである。書かれた書物はすでに存在していたし、また多くの国がその法や布告を書き物の形で公に告示していた。しかし書かれた語をあてにするという習慣はまだ広く一般のものとなっていなかったし、また年を積み重ねたものでもなかった。教養ある人というのは物事をそらんじているような人であった。韻文は散文より記憶が容易なのである。

ミレトスの哲学者たちは散文の論文を作っていたが、それはたぶん彼らの問題が韻文では手に負えないものであったからであろうし、また一般に虚偽の作者と見られていた詩人に対する反撥からでもあろう。シュロスのペレキュデスやヘラクレイトスといった異なったタイプの人物も彼らに追従した。ペレキュデスは故意に平明なスタイルで彼の神学を語っているし、ヘラクレイトスは記憶に残ることを狙って散文においても多くの詩的な言い回しを採用している。彼らが特別な意図を持っていたのでなかったなら、なぜペレキュデスやヘラクレイトスがクセノパネスがしたように韻文を採用しなかったのか、理解することは困難である。また逆に、パルメニデスが現に韻文で書いていることがたぶん驚きとされるであろう。彼のヘクサメトロスは力強くはあるが、優美ではない。またしばしば露骨なまでに無骨である。彼は韻文に対して特別な才能を持っていたわけではなかったのである。何よりも彼の断片は、それはまったく新しいものであったので、与えうる限りの最高に明晰な表現を必要としていた。そもそもそれを表現するためだけでも彼は彼の時代のギリシア語の資源を絞り出す必要があった。この困難に加えて、彼がわざわざその語をヘクサメトロスに合わせるという困難を選んだということは容易には説明できない。この問題は、詩の導入部の背後に秘められた意図の問題、そしてその思想をひとりの神、正義の女神（ディケー）の口に委ねるというパルメニデスが採用した仕掛けの問題と関係するかも知れない。

パルメニデスの学説詩の現存する導入部は以下の通りである。

わが身を運びし駿馬らは、わが想いの及びし極みまで、われを送れり。女神が名も高き道にわれを導き入れしそのたびに。そは、なべての町を通って知者を運ぶ道。その道をわれは運ばれり。聡明な駿馬らがその道を取ってわれを運び、――馬車をぴんと引きて――乙女らがその道を指し示しがゆえに。車軸がこしきの中で牧笛のごとき響きを発せり。回転する両輪によって両側から急き立てられて灼熱して。太陽の巫女なる乙女らが光の方にわれを送り届けんと、夜の館を後にして、手で頭からヴェールを払いのけつつ、ひたすら急ぎしそのたびに。

そこに夜と昼の道の門があり、鴨居と石の敷居がそれを上下から抱いている。空高く屹立する門そのものは巨大な二重の扉で塞がれていた。それらを開閉する鍵を持つは罰則厳しき女神ディケー。彼女に乙女らは柔らかな言葉で語りかけ、われらがために鉄の楔が掛かりしボルトを門より速やかに外したまえと、言葉巧みに説得せり。すると門は両翼を広げて扉の口を大きく開けり。豊かに青銅が打ち付けられし支柱を軸受けの中でそれぞれの方向に回転させて。両支柱は鋲と軸で固定されていた。そこで乙女らはまっすぐ門を通り抜けて馬車と馬を進めり。

すると、女神がわたしをねんごろに迎え、わが右手をその手に取って言葉をかけ、次のごとく語れり。「不死なる御者に伴われ、汝を運ぶ駿馬もてわれらが館にいたれし若者よ、よくぞきました。この道をくるよう汝を送り出したのは決して悪しき定めではないがゆえに。まことにこれは人間どもの道とはほど遠きところにある道。否、むしろこれは掟であり、正義なるぞ。汝はすべてを聞きて学ばねばならぬ。まるき真理の揺るぎなき心も、死すべき者どものまことの確信なきドクサをも。また汝は次のことも学ぶことになろう。どうしてこれらのドクサがすべてに行きわたって受け入れられるようになったのかも。（断片一）

ここで示されているパターン――知りたいと望むものを彼に告げる神的存在へ向けての人間による旅――は民間説話において広く一般に見られるものであり、ギリシア文学においてはすでに馴染のものであった。それゆえこの導入部には文学的技巧のある雰囲気がある。しかし詩行の不器用なガタガタした烈しい動きは、パルメニデスが今述べようとしている経験に完全に没入しているとの印象を伝えるものになっている。その経験が何であったかを説明するのに寓意的解釈を試みるのは自然である。自覚的な工夫としての寓意はすでに認知されていた。というのは、ホメロスの寓意的解釈がレギオンのテアゲネスによってすでに行われていたからである。探究のラインに沿った前進を表すのに旅という形を取るのは自然である。詩の後半部で「道」とか「小道」を意味する語が繰り返し使用されているが、それらは「推理のライン」を意味するのであろう。ここから次のようなかなりもっともらしい解釈系を作り上げることが可能になる。すなわち、馬はパルメニデスの推理力、太陽の巫女たる乙女たちはそれなくしては推理力が決定的な一歩を踏み出すことができない照明ないし直観の要素、夜と昼の道を分ける門の通過は、したがって、推理の一方のラインから他方のラインに渡り行くことである。その一方は虚偽、他方は真理である。このことは詩の少し後の部分において確認される。そして門を守り真理を告げ知らせる正義の女神は、ヘラクレイトスの場合と同様、物事があらねばならないようにあることを保証する洞見力である。

たとえこの解釈が本質的に正しいとしても、なぜパルメニデスが彼の思想をこういった設定の中に置くことによって導入する方法を選んだのかという疑問はなお残る。散文よりはむしろ韻文が使用されたことと同様、これは日常世界から一歩も二歩も離れたところにそれを置く方法であるように思われる。次に見るように、パルメニデスは実際まさにそうする十分な理由を持っていたのである。というのは、彼の見るところ、日常世界は完全な非真理だからである。散文作品において通常なされるような導入、例えば「これがエレアのパルメニデスの言葉である」といったような導入は、彼を自己矛盾の誹《そし》りにさらしたかも知れない。そしてそのようなものは、通常の経験を構成する一切のものから独立した、またそれを根本的に批判する新しい方法を持っているという彼の感覚を伝ええなかったであろう。

女神がパルメニデスに「まるき真理の揺るぎなき心」を告知する詩の中心部が次につづく。シンプリキオスのお蔭でこの部分はほぼ完全に保存されている。そしてその計画が以下のようであることも疑問の余地がない。二つの「探究の道」が唯一考えられる道として提示される。ひとつは「説得（真理）の道」であり、もうひとつは「まったく探ねざる（道）」と呼ばれる。そしてこの結論に第二の道は除去されたものと見なされる論拠が与えられる。次に第三の道が通常の人間によって歩まれる道として言及される。しかしこれはすぐに明らかな自己矛盾として却下される。最後に唯一残る道が取り上げられ、その諸帰結が探究されるのである。

最初の二つの道の導入は以下の通りである。（後続の断片のすべての場合と同様、パルメニデスに語るのは女神である。）

> いざ、わたしは語ろう。汝はこの言葉を聞きて心に留めるがよい。探究の道として考えられるのはただこれらあるのみ。そのひとつは、（それは）ある、そして（それが）あらぬということはあることができないという道。これは説得の道である。真理にしたがうがゆえに。他方は（それは）あらぬ、そして（それは）あらぬということがあらねばならないという道。だがこれはまったく探ねざる道であることをわたしは汝に告げる。（断片2）

道は探究のラインであるから、出発点においてそれらが同じとされるのは驚くに当たらない。すなわち、そこから探究がそれぞれにおいて始まる前提のところでは道は同じなのである。大きな問題はこれら二つの前提の意味を確定することである。一方は「（それは）ある、そして（それが）あらぬということはあることができない」と表現されている。他方は「（それは）あらぬ、そして（それが）あらぬということがあらねばならない」である。（それは）と括弧に入れるのは訳を二つの解釈肢のいずれにもできるだけ加担させないことを意図してである。直説法の動詞 ἐστί とその否定は、ギリシア語においては

（英語の is と違い）、明示された主語がなくとも、それ単独で完全な文章として成立しうる。しかしこの文章が意味あるものになるためには、文脈からそこに含まれている主語が補われねばならない。さもなければ ἐστί とその否定形は英語の is や is not 以上の意味はなさない。

それゆえここには二つの解釈の可能性があるのである。その一方は、ひとつかそれ以上の主語がこれらの ἐστί とその否定形に何らかの仕方で文脈から補われうるし、またパルメニデスによってもそのように補われることが意図されていたと推測するものであり、他方は、パルメニデスは故意に通常の言語使用から離れ、むしろ言語の資源を無理強いして、これらの語を自身のある特定の目的のために主語なしで導入したとするものである。これら二つの解釈はそれぞれ支持者を得てきた。問題はパルメニデスの理解にとってきわめて重要であるから、十分論じられねばならない。

パルメニデスは明確に表現することに失敗したのではないかといったことは、彼の詩の中でもとりわけこの点においては、乱暴に言っても、ありそうにない。したがって、もし主語が補われることが意図されているのであれば、文脈から容易に回復されるであろう。断片2に直接先行する保存されていない詩行がこれらの道の主語を告知していたと推測することは可能である。もし断片2そのものが考えられていたとするなら、それぞれの場合にたやすく補われうる唯一の主語は「道」である。このことはそれぞれの道は己自身に関する前提から始まったということを意味する。すなわち、一方は「わたしはある、そしてわたしがあらぬということはあることができない」といい、他方は「わたしはあらぬ、そしてわたしがあらぬということがあらねばならない」ということである。

主語が補われることが意図されていなかったとするなら、これに対しては二つの理由が思い浮かぶ。

ひとつは、ἔστι とその否定、そして探究の二つの道は提案されるどのような主語にも適用されることが意図されていたというものであり、他方は、道の選択がなされてしまうまではどのような主語も語られることはできないとパルメニデスは考えていたというものである。

最後の二節の中で（他のところではあまりありそうにない）提示されている可能性間の選択は詩のこの部分全体に照らしてのみ下されるということは明らかである。両前提が何を意味するかを知るには、そこからどのような演繹がなされるか、道のそれぞれについてさらに何が言われているかを見ることが必要である。

ἔστι の意味とその否定についてのさらなる問題は、動詞 εἶναι（ἔστι はその三人称単数形である）が英語の to be の主要な使用法のすべてを有すると共に、いくつかのそれ以上の使用法も有しているということである。絶対的に使用される場合には、主語を伴う場合であれ、そうでない場合であれ、普通それは「存在する」ことを意味する。しかし、語られたり思惟されたりする何かに適用される場合には、「真である」ことを意味する。絶対的でない場合は、それは、is と同様、コプラであるか、述語において使用されているかであろう。パルメニデスの議論において「存在的」な使用以外のどのような使用法も役割を演じさせる十分な理由を認めることは困難である。しかし他の使用法も関係すると考えられてきたし、そのことによって種々の可能な解釈が増し加えられてきたのである。

「（それは）あらぬ」の道の排除に係わるものは、かなりの数、残存する。

他方は「(それは) あらぬ」、そして「(それは) あらぬということがあらねばならない」という道。だがこれはまったく探ねざる道であることをわたしは汝に告げる。なぜなら、あらぬものを汝は知ることもできねば (それはなしえぬことだから)、語ることもできないから。というのは、同じものが思惟されうるのであり、また存在しうるのでもあるからである。……語られ思惟されるものはあらねばならない。なぜなら、あるはあるが、あらぬものはあらぬからである。このことを心に銘記するようわたしは汝に命じる。したがってまず最初に探究のこの道からわたしは汝を遠ざける。……(断片2、断片3、断片6)

この訳は、保存されている語の意味と配列については問わないで、なされている。(それをここで議論することはできない。) この断片は以下のような議論をもたらす。

A　議論の結論は、その道は「まったく探ねざる道である」(πανάπευθέα) ということである。これは、明らかに、それ自身においてそれを退けるに十分な理由である。これが意味するところを知るには、たとえその出発点をわれわれが知るように思えても、まったく探ねざる道は存在することができない道であることを考えれば、十分である。そのような出発点を持った道は存在しえないのである。同じ議論の後の要約は次のように言う。「だが判決は……次のごとく下された。一方は考えられないもの (ἀνόητον)、名もないものとして捨てるべし。(真なる道でないがゆえに。) そしてもう一方をあるもの、真なるものとして選ぶべしと。」(断片8)

B　この結論に対する直近の理由は、したがって、次の言葉によって与えられている。「なぜならあらぬものを汝は知ることもできねば（それはなしえないことだから）、語ることもできないから。」ここから結論にいたるにはまた、もしその道が存在したとするなら、それは、真であれ偽であれ、あらぬものを知るか語ることを含むことになろうということを知ることが必要である。しかしこれは直ちに明らかである。なぜなら今申し立てられている道「（それは）あらぬ」の出発点は、先に提出された解釈のいずれの場合にも、あらぬ何ものかについての語りないし思惟を含むからである。かくして議論のラスト・ステップは明らかであり、説得的である。

C　あらぬものは知られることも語られることも（あるいは思惟されることも）できないというテーゼに論拠を与える課題がパルメニデスに残っている。あるいは、彼がリフレーズしているように、思惟され語られうるものはあらねばならない。論拠は、断片中にあるそれとしては、次の語に含まれている。「なぜなら同じものが思惟されうるし、また存在しうるのでもあるから」（τὸ γὰρ αὐτὸ νοεῖν ἐστίν τε καὶ εἶναι）。すなわち「語られたり思惟されたりするものはあらねばならない。なぜなら、それはあるが、あらぬものはあらぬからである。」

ここではパルメニデスはギリシア語の慣用法を使用しているのである。それは、たぶん幸いなことに、「飲むことのできる水が手元にある」という意味の「飲める水である」といったフレーズにおける英語の慣用法と非常によく似ている。あるいは（英語における慣用法としては少し劣るが）「戦闘を行うことができる兵士が手元にある」という意味の「戦う兵士である」という言い方と似ている。パルメニデスはこの慣用法を使用している。そして、推理において決定的な役割を演じる「あるはある」というフレーズにおいて、それに特殊なひねりを与えているのである。彼が自明と見なしたように思われる主張は「思惟されうるもの」は必然的に「ある」ということであり、これは単にあることができるというだけでなく、現にあることを意味するということである。これら二つのステップに対するこれ以上の正当化は現存する断片においては与えられていない。

パルメニデスが実際に「思惟されうる」ということから「ありうる」を経て自明的な「ある」へといたる道を歩んだと推測するのは説得的であるように思われる。というのは、それはさまざまな形で多くの時代の哲学者たちに強力にアピールしてきた推論の道筋だからである。いかにしてわれわれは一角獣とか丸い正方形といった実在しない、ないしは実在しえないものについて（一見われわれがそうしているように）語ることに成功するのかと問われるかも知れない。それらについても一見有意味的な文章が発語されるという事実は、それらについて語ったり思惟したりすることに事実われわれは成功していることを示しているように思われる。しかし、そうだとするなら、いくつかの言及がそれらに対してなされたのであり、したがって、それに対して言及がなされたものはある意味で存在しなければならない。人は、指し示されることのできないものを指し示すことができないのと同様、言及されることのできないものに言及することはできない。このことは言語のどのような哲学的説明も説明する用意がなければならない基本問題である。パルメニデスによって使用された慣用法は問題を実によく明らかにしている。しかしそれが問題を生み出している原因であると推測するのは誤りであろう。

「（それは）あらぬ」という道に対する議論の再構成は次のように纏められるであろう。「（それは）あらぬ」の道を取ることはあらぬところの何ものかについて語ったり思惟したりすることを含意する。しかし語られたり思惟したりしうるものはある。したがって「（それは）あらぬ」の道を取ることは可能でない。その出発点のところに自分を置くという意味においてすらそうである。したがって道はまったく存在することができない。別言すれば、「(それは)あらぬ」という前提は偽であることが示されているのではない。そもそも可能な前提でないことが示されているのである。というのは、それはどのような可能な思考の表現でもないからである。それは無意味なのである。同じことは、「(それは)あらぬということがあらねばならない」という前提の第二部分については、なおさら真である。

「(それは)あらぬ」が無意味であることを示す議論はこれまで等閑に付されてきた問題に若干の光を投げかける。すなわち、なぜパルメニデスは二つの道を考えうる唯一の探究の道と想定するのかという問題である。他にもいくつか出発点が提案されると仮定してみよ。そのときパルメニデスはこう議論するであろう。この前提は何事かについて何事かを言わねばならない。この何事かをXとしよう。そうすれば、それは君にXはあると言わねばならなくする。それゆえ、Xについて「それがある」と言うことは、Xが何であれ、Xについて君が言うことができる最低のことである。そこで、最も基礎的な探究というのは、あるところの何かについて肯定したり否定したりせざるをえなくするものは何かということを見ることである。このことは「(それは)ある」と「(それは)あらぬ」が出発点であることを示唆する。しかし、なぜそれらはそれぞれ「(それが)あらぬということはあることができない」や「(それは)あらぬということがあらねばならない」といった付加によって拡張されるのかは説明しない。これらの付加を説明するには、それらが「(それは)ある、しかし必ずしもある必要はない」と「(それは)あらぬ、しかしあることは可能である」という二つのさらなる前提を排除する結果を持つことを考察しなければならない。「あるはある」というフレーズが、あることができるものは、何であれ、あるという証明を可能ならしめるために使用されていることが先に見られた。この原則が認められるなら、「（それは）あらぬ、しかしあることは可能である」が自己矛盾であることは明らかである。さらに、「（それは）ある、しかし必ずしもある必要はない」も、その時には、「（それは）ある、しかし（それは）あらぬということもあるかも知れないし、（それゆえ）必ずしもあるわけではない」と等価である。これは様相論理学のどのような見地においても自己矛盾である。

「（それは）あらぬ」の道を排除した後、女神は直ちに第三の道を導入し、次にそれを退ける。（この第三の道は、今日知られている限りでは、これ以前には言及されていなかったものである。）

そこで、探究のこの道〔「（それは）あらぬ」という道〕から最初にわたしは汝を遠ざける。それから次に、二つ頭をした何ひとつ知ることなき死すべき者らによって作り出された道からも遠ざける。彼らの胸中でさまよう心を導いているのは困惑である。彼らは聾にして盲、混乱した群れの中を漂う。びっくり驚いた群衆のごとく。彼らはあるとあらぬが同じであり、かつ同じでないと考えており、あらゆるものについて逆向きの（παλίντροπος）道がある。……なぜなら、あらぬものがあるなどということはどのような力によっても決して証しされぬであろうから。むしろ汝は探究のこの道から想いを遠ざけよ。そして経験に基づく習慣がこの道へと汝を強いて、物見えぬ眼、耳鳴りする耳、そして舌を働かせるようなことがあってはならぬ。むしろ理性によってわが方より語られし異論多き駁論を判

定せよ。（断片6、断片7）

新しい道は、したがって、「あるとあらぬは同じであり、かつ同じでない」、「あらぬものがある」という形の自己矛盾に導く。このことは前提が、直ちに第二の形の自己矛盾に導くところの、そして最初の前提を示す「（それは）ある、そして（それは）あらぬ」であったか、あるいは前述のように「（それは）ある、しかし必ずしもある必要はない」であったかであることを示唆している。この道は明らかな自己矛盾であるから、真剣な競争相手とはならない。このことが、なぜそれは道の元の陳述から外されているのかを説明する。それは後からの思いつきによるかのようにここに導入されているのであるが、明らかにそれは通常の人間どもの道だからであり、彼らの誤りを白日のもとにさらす必要があるからである。人間どもはこの道を熟慮の上で選ぶとはパルメニデスは言っていない。むしろ彼らは習慣や感覚に欺かれて自らのなすところを知らぬままさまよっているのだとされている。罵りはヘラクレイトスのそれによく似ている。というのも、ヘラクレイトスと同様、パルメニデスは感覚を超えた、そしてその不十分さを示すあるものの助けによって、すなわち理性によって、他の人間どもより深く物事の構造を見ていると考えているからである。

感覚は人間どもに、彼らの周りに、また彼らの内に、変化する多様な世界があることを告げるかのように見える。断片8において明らかになるように、パルメニデスは変化や多は「（それは）あらぬ」と「（それは）ある」という主張を同時に含むがゆえに不可能であると信じている。したがって、世界を現れている通り多と考える通常の人間どもは、彼らはそのことを知らないにしても、事実上「あり、かつあらぬ」の道に絡め取られているのであり、ために希望のない自己矛盾に陥っているのである。これは、どのような種類の変化や多であれ、それを真実と認めるすべての人間に等しく当てはまることである。それゆえヘラクレイトスもまたこの断罪に含めねばならない。パルメニデスがここで特にヘラクレイトスを念頭にしていたことを推測させるいくつかの理由がある。十中八九パルメニデスはヘラクレイトスの哲学を知っていた。そうだとするなら、彼がヘラクレイトスを最悪の違反者、混乱して自己矛盾に気づいていないのではなく、それをよく知った上で、むしろそのことを誇っている男と見ていたと推測するのは自然であろう。パルメニデスの非難のクライマックスに印象的な言葉が見られる。「あらゆるものについて逆向きの（παλίντροπος）道がある。」これは「あり、かつあらぬ」の道を描写するのにふさわしい言葉であるが、またヘラクレイトスを指し示してもいる。ヘラクレイトスの παλίντροπος ἁρμονίη は、先に論じたように、統一が反対のものを和解させる事物の究極の構造を表現する試みであった。彼の道は「上りかつ下りであり、一にして同じ」であった。パルメニデスの哲学全体がヘラクレイトスのパラドックスに対するひとつの反論であり、語る者が自己矛盾に陥ることなく何を言うことができるかを示そうとするひとつの試みであったと言うのは、かなり可能であるように思われる。

「（それは）あらぬ」の道の排除と通常の人間どもの信念の明白な自己矛盾への還元は「（それは）ある、そして（それが）あらぬということはあることができない」というただひとつ残る道の探究にきれいにステージをあける。幸いなことに、この探究はその全体が保存されている。以下の訳における*A*から*E*の文字は議論の連続するセクションを明確にするために差し挟まれたものである。

今やただひとつの道の物語が残されている。すなわち「（それは）ある」という道。この道には実に多くの印がある。すなわち、あるものは不生にして不滅。それは全体にして唯一、不動にして完全。それはかつてあったとか、いつかあるであろうといったものではない。その全体が今同時にあるのであるから。一なるもの、連続なるものとして。

A　なぜならそれのどのような生まれを汝は探し求めようと言うのであるか。どのようにして、どこからそれは成長してきたと言うのか。あらぬものからであるとは、言うことも考えることもわたしは汝に許さぬであろう。なぜなら、（それは）あらぬとは、言うことも考えることもできないことだから。また、もしそれが無から始まったとするなら、どのような必要がそれを駆り立てて、先あるいは後になって、生じさせたと言うのであるか。（かくして、まったくあるか、まったくあらぬかでなければならない。）また確証の力が許さぬであろう。ある時あるものからそれとは別の何かが生じきたるなどということは。それがためにディケーは足枷を弛めて生成したり消滅したりすることを許さず、しっかりとそれを保持しているのだ。それらについての判決はかかって次の点にある。すなわち、（それは）あるか、（それは）あらぬかである。しかし判決は必然のこととしてすでに次のように下されている。一方の道は考えられないもの、名もなきものとして捨てるべし。そして、もう一方の道をあるもの、真なるものとして選ぶべしと。どうしてあるものが後になってなくなるということがあろうか。またどうして生じるということがあろうか。なぜなら、生じたのであるなら、それは〔それ以前には〕ないし、またいつかあるであろうと言うのなら、〔今は〕あらぬからである。かくして、生成は消し

去られ、消滅は見出しえないものとなった。

B　またそれは分割されることができない。その全体が一様なるがゆえに。またここでは幾分多いということも幾分少ないということもない。そういうことはそれが連続しているのを妨げることになろう。すべてはあるもので満ちている。それだから一切は連続している。あるものはあるものに接するがゆえに。

C　さらにまた、それは巨大な縛《いまし》めの限界の内にあって、動くことなく、始まることもなければ終わることもない。なぜなら生成と消滅ははるか彼方に追放され、まことの確信が退けたから。それは同じものとして同じところにとどまり、それだけで横たわる。そして、そのようにしてその場に確固としてとどまる。なぜなら力強きアナンケー〔必然〕が周りからそれを閉じ込める限界（πείρατος）の縛《いまし》めの内に保持するから。このゆえあるものが終局なしにあることは許されない。それはどのような点においても欠けるところなきものなるがゆえに。もし欠いていたなら、あらゆるものを欠いていたことであろう。

D　同じものが思惟されるのであり、またあるという思惟なのである。思惟がそこにおいて表現を得るところのあるものから離れては、汝は思惟を見出すことはなかろうからである。あるもの以外には何ものもなかったし、またないし、ないであろうからである。それはモイラ〔運命〕によって縛られて、全体なるもの、不動なるものとされているがゆえに。それゆえすべては単なる名称にすぎないであろう。死すべき者どもが真なりと信じて定めたすべてのものは。生成し消滅するということも、「ある」・「あらぬ」ということも。場所を変えるということも、また明るい色を取り換えるというこ

とも。

E　しかし限界（πεῖρας）が最端にあるからには、それはあらゆる側から完結していて、まるき球の塊に似ており、中心からいたるところで等しく釣り合っている。なぜなら、ここでは幾分大きく、かしこでは幾分小さいといったことはあってはならないことだから。それが共に繋がれていることを妨げることになろうところのあらぬものはないし、またあるものはあるところではあるものより多く、あるところではより少ないといったようなことはありえないから。そのすべてが欠損から自由であるから。なぜなら、それはあらゆる方向から自分自身に等しく、一様にその限界に面しているから。

（断片8,1-49）

詩のこの部分のプランはあらまし明らかである。最初の二、三行は以下につづくプログラムを含み、前提の帰結として証明されるであろうことの要約を与えている。次に、セクション*A*からセクション*E*において一連の証明が与えられる。プログラムと実際に証明されるものとの間に少なくとも大まかな対応があることは明らかである。

これらの証明はパルメニデス哲学の核である。それらを理解するどのような試みも次の二つの基本的問いから始めねばならない。

第一に、パルメニデスは「（それは）ある」の道が真の道であることを証明したと思っているのであろうか。あるいは、それが唯一可能な真の道であるということだけでも示したと思っているのか。彼は確かに後者は示したと考えている。「（それは）ある」は真でないと仮定せよ。その時には、いずれにせよ、それは偽である。そしてこの場合には「(それは)あらぬ」が真となる。しかし「(それは)あらぬ」は意味をなさない。したがってそれは真でありえない。ここから、もし「(それは)ある」が真でないとするなら、それもまた考ええないものであるがゆえにそうであるのでなければならない。この場合には、他のあらゆる思考も、あるXに対して「Xはある」という思考を含むから、どんな思考もまったく可能でないことになる。パルメニデスがこの可能性を頭に描いていたかどうかは明らかでない。しかしアリストテレスが思考の可能性をパルメニデス哲学の基礎的仮定であったと考えていたことは留意に値する。というのはアリストテレス(『天体論』298 b 22 f.)は、パルメニデスと彼の追随者たちは、認識とか思考がある以上、思考の変化しない対象がなければならないと考えたと語ることによって、「(それは)ある」の諸帰結を要約しているからである。パルメニデス自身、少なくとも二箇所で、「(それは)ある」の道とその諸帰結は絶対的に真であることが知られるかのように語っている。断片1の末尾でそれらは「まるき真理の揺るぎなき心」と呼ばれている。また断片8において、セクション*E*のすぐ後で*A*から*E*の証明のセット全体が「真理についての信ずべき言葉と思想」と呼ばれている。セクション*A*そのものの中においても、パルメニデスが次のように言うとき、明晰さにおいて少し劣るにしても、同じ指摘がなされているのである。「しかし判決は必然のこととしてすでに次のように下されている。一方の道は考えられないもの、名もなきものとして捨てるべし。そしてもう一方の道をあるもの、真なるものとして選ぶべしと。」これは「(それは)ある」が真であるのは、「(それは)あらぬ」が考えられないのと同じように、必然的であることを語るものであるように思われる。

パルメニデスは「(それは) ある」を絶対的に真であると考えていたということがもし正しいなら、そこから自然に引き出される結論は、真なる思考は可能である、なぜなら真であるところのものは考えることができるからと彼は信じていたということである。このことはセクション*D*の解釈といくらか関連がある。

「(それは) ある」の道に関する第二の基本的問いは、真であることが証明されるさまざまな述語の文法上の主語は何か、そしてこれらの主語‐述語命題は元の「(それは) ある」からいかにして現れてくるかということである。この問いを問うことは第一ステージの「(それは) ある」と「(それは) あらぬ」の主語(もし何かそういったものがあるとするなら)の問題に立ち戻ることである。「(それは) あらぬ」に対する議論は、その道を採用することはあらぬものについて語ったり思惟したりせざるをえなくなることを明らかにした。それと対照的に「(それは) ある」の採用はあるところのものについて語ったり思惟したりさせることになる。「(それは) ある」の探究においては、それがあるという事実、そしてそれは考えることができるという事実以上のことは思考の主語について何も決められていない。言葉遣いから文法上の主語の位置を塞ぐことが求められるとき、よく使用される語は ἐόν ないし τὸ ἐόν である。定冠詞を伴った場合と伴わない場合の εἶναι の分詞の中性形である。これは、何であれ、あるところのものという意味におけるそれか、あるいはあるところの〔特定の〕物という意味におけるそれかのいずれかの「あるもの」を意味すると解されよう。不確かさは「(それは) ある」と「(それは) あらぬ」の元の意味に関するさまざまな可能性の存在に応じるものである。もし「(それは) ある」と「(それは) あらぬ」が元々特定の諸語Sについて語られていたとするなら、その時には「(それは) ある」は「S

はある」を意味する。そして、それにつづくすべてはSについての特定の真理の論証、すなわちSはある、そしてそれは考えることができる、しかしSは一度もその真の名称によって命名されたことがないという事実のみを使っての論証となる。これはありうることではあるが、どうももっともらしくない。（τὸ）ἐόν が念頭に置かれているこの場合には、それはSを意味するが、「ある物」と訳されねばならない。もし「（それは）ある」と「（それは）あらぬ」が補われるであろう何らかの主語に適用されているのであれば、そのときには（τὸ）ἐόν は「何であれ、あるところのもの」を意味する。そしてどのような個物もそれによって指し示されていないという事実が、パルメニデスはどのような特定の物についても語っておらず、むしろ「（それは）ある」と言われるどのようなものについても語っているという事実によって説明される。そして最後に、もしどんな主語も「（それは）ある」と「（それは）あらぬ」が選択されてしまうまで可能でないと言うなら、そのときには、「（それは）ある」が選択された後にその選択から現れる主語が「あるところの〔特定の〕物」という意味か「何であれ、あるところのもの」という意味のいずれかの（τὸ）ἐόν であるというのは、もっともらしいことである。

　ここからの結論は、「（それは）ある」と「（それは）あらぬ」の元の意味についてどちらの見解が取られようとも、（τὸ）ἐόν はその見解にしたがって翻訳されることができるということである。（τὸ）ἐόν の使用はただひとつのあるものしか存在しないという仮定を含意するものではない。確かにパルメニデスは、「（それは）ある」の探究のどこかにおいて、このことに証明を与えたと考えていたかのように見える。――というのは、探究のプログラムはあるところのものが唯一（μουνογενές）であることを告げているからである。もしこれが証明されねばならないとするなら、それがすでに知られているということはありえない。したがって（τὸ）ἐόν の使用がそれを含意しているということはありえない。「（それは）ある」の道のこの解釈は、あるところのものないしはある物があるということを、それが何であるかということに関しては予断を持たず、仮定することから出発しているということを強く示唆している。このことはこれでまた、「（それは）ある」と「（それは）あらぬ」にとってはいかなる特定の主語も意図されていないというあの解釈を強める方向に傾くものである。その結果それらは「あるXに対しては、Xはある」そして「あるXに対しては、Xはあらぬ」ということによって表現されるかも知れないものを表す方向に進まねばならなくなる解釈である。

*A*から*E*に分類された五つのセクションが順に考察されねばならない。

*A*においては、あるものは生成（γένεσις）、消滅（ὄλεθρος）に服さないということが示されている。というのは、このことは必然的にあるもの以外の何かがあることを含意するからである。そこからあるものが生まれてきたり、そこへと消滅して行くものがあることを意味する。もしそれがあるものとは別のものであるなら、それはあらぬものでなければならない。しかしその時にはわれわれはあらぬものをわれわれの説明要因として使用しているのである。なぜならわれわれはあらぬものを思考の対象として扱うことはできないからである。これは不可能である。したがって生成（γένεσις）や消滅（ὄλεθρος）は考えられないのである。おまけに、たとえ生成が考えられるとしても、それは十分な理由の原理に反することになろうということを示すもうひとつの議論が付け加えられる。すなわち、あらぬものが認められたとしても、なぜ生成は生じないよりはむしろ生じたのか、なぜ別の時よりはむしろこの時に生じたのか

を説明するどのような理由もないのである。

以上の多くは明快である。しかし*A*以後の部分は混乱している。そしてテキストと解釈の諸問題を含んでいる。幸いなことに、この部分は完全に要点の繰り返しであるように思われる。

セクション*B*は短い。しかし大変重要である。それは、あるものは連続（συνεχές）しており、分割されていない（ないしは分割されることができない）ということを示す。これは次の二つのいずれかを意味すると解されよう。（a）あるものは内的に連続している。あるいは（b）あるものは他のあるものと外的に連続している。もし（a）ならば、その時にはあるものはひとつの統一体であることが示されていることになる。もし（b）なら、あるものは唯一であることが証明されている。なぜならあるところのすべては連続しているのであるから。ここでの曖昧さはそれに対して与えられている理由の曖昧さによって釣り合わされる。「すべては一様である。」これは「あるものはそのすべてが（内的に）一様である」ことを意味するか、「あるものはすべて一様である」ことを意味するかであろう。（a）が意図されているのか、あるいは（b）が意図されているのか、あるいはその双方が意図されているのかを決定するのは別のところでなされねばならない。探究のプログラムにおいては、「全体」（οὖλον）と「唯一」（μουνογενές）の双方とも約束されていた。セクション*D*の言葉遣いから、唯一ということがすでに証明されてしまっていることは明らかである。したがって証拠はここ（*B*）にあるか、セクション*C*にあるかでなければならない。しかしセクション*C*においては、それは見出されそうもない。それゆえセクション*B*を「内的な連続」と「外的な連続」の双方を証明するものとして取り上げる必要があるように思われる。この結論はそれが結びとしている表現「あるものはあるものに接するがゆえに」によって補強される。

セクションBの重要性は、したがって、ひとつしか思考の対象は存在しえないということをそれが証明しているということである。というのは、どのような思考の対象が与えられても、それが必然的に存在するものである限り、それは部分に分けることもできねば、他のあるものから切り離されることもできないからである。したがって、今後は (τὸ) ἐόν を「何であれ、あるところのもの」と訳そうが、「あるところの〔特定の〕物」と訳そうが、大して重要でないことになる。あるものの部類はたったひとつのメンバーを含むのみなのである。すなわちそれはあるものである。

証明は分離ということが意味するところを考察することによってなされている。もしあるところのXがそれもまたあるところの他のYから分離しているなら、その時には、XとYとは異なる第三のZがそれらを分離させるために存在しなければならない。Zはあらぬものであることはできない。しかし、もしZがあるなら、その時にはそれはXとYとは区別しえないものとなり、それらを分離させることはできない。これが心に描かれている証明の構造であることは、この考えがより十全に述べられているセクションEへの言及によって示されている。

上述のように、証明は完全に説得的であるようには思えない。なぜZはあってはならないのか、またなぜあるところのものが他のものから区別されうるものであってはならないのか。パルメニデスの語っている理由は、あるものは程度の多様性を許さないということである。すなわち、あるものはより多いとより少ないを許さないということである。このことを認めても、別の種類の多様性はありうるように思われる。この点は後に取り上げられるであろう。

セクションCもまたいくつかの問題を見せている。セクションの終わりから遡行的に議論を辿るなら、それは次のように進む推理の系列を与える。（1）それ（τὸ ἐόν）はどのような点においても欠けるところなきものである。（2）それゆえ、それは不完全であることはできない。（3）それゆえ、それは限界（πεῖρας）を持つ。（4）それゆえ、それは不動であり、変化しない。

ステップ（1）は次の語で正当化されている。「もし欠いていたなら、あらゆるものを欠いていたことであろう。」ここで言及されている一般的原理をセクションBの基礎となっているそれと同じと見るのは困難である。あるものの内において唯一考えうる変動が「存在の程度」のそれであるのとちょうど同じように、あるものの内において唯一考えうる欠如も存在のそれである。存在は程度ということを許さないから、存在の欠如といったことはまったくありえず、そういったものは考えられないのである。

ステップ（2）と（3）は密接に関連している。それはどのような点においても欠けるところなきものであるから、ありうる限り完全である。ここからそれは「限界」（πεῖρας）を持つ。πεῖρας という語は多様な意味を持って初期のギリシア文書の中に現れる。しかしそれらすべての根底にある共通の基礎的観念は、他の何らかのものの終わりか完了を標記するか、もたらすものという観念である（本書の二〇頁を見よ）。かくしてそれは、あるエリアの空間的な限界、争いの最終的な決着、出来事の結末、成果を達成する手段について、使われる。それゆえこのセクションにおいてもまた、πεῖρας が「完了の印」であることは何ら異とすべきことでないのである。πεῖρας を持つということは完全であるということであり、その逆でもあるのである。

ステップ(4)においては、πεῖρας の存在が物理的な境界であるかのようにあるものに加えられる束縛と考えられている。必然的に完全であるものは変わることができない。なぜなら、そのこと〔変わるということ〕がそれに付け加わることになろうから。もし今あるものがあるであろうものと異なるなら、そのときにはそれは今完全ではない。なぜなら、到来するそれ以上のものがあることになるから。それがいずれの時にか変わろうとするといったことはありえない。それゆえ決して変わらない。この思想はプログラムの中で「その全体が今同時にあるのであるから」という語によって表現されているものと同じであるように思われる。

セクション*D*は明白に*B*と*C*の結果に訴えている。あるものは全体であり、不変であるから、あるものの傍に他の何ものも存在しないし、存在しなかったし、存在することはないであろう。それゆえ、あるものから離れては思惟はありえない。——別の言葉で言えば、思惟はあるもののひとつの属性でなければならない。このセクションの最初の行は解釈が困難であるが、「思惟されうるものは思惟と同じものである」ということを語っているように思われる。——言い換えれば、あるものは自分自身を思惟する思惟であるということである。この陳述、そしてたった今なされた推理は、思惟が実際に現れている別の前提に依存する。——先に見られたように、「(それは)ある」の道が受け入れられる中に当然含まれていると解される前提である。

あるものは単一の変化しない全体であるという事実から、セクション*D*は死すべき人間どもの観念は徹底的に誤っているという結論を引き出す。彼らは変化するもの、さまざまに異なるものが存在すると信じている。これは誤りであるだけでない。彼らの信念は考ええないものなのである。――したがって、彼らの語りにおいて何かを語っているように見えるものも実は何も語ってはおらず、「単なる名称」、すなわち意味のない音にすぎないのである。

セクション*D*と同様、セクション*E*も何ら新しい観念は導入していない。しかしセクション*B*と*C*からの帰結を引き出している。通常の人間どもの支離滅裂な想いから、読者はあるものの最終的な提示に連れ戻される。存在は完結しており、内的に一様であるから、それは球に似ている。なぜなら「それは一様にその限界に面している」からである。パルメニデス自身が明らかにしているように、比較の要点は球の放射的な対称性である。中心から見ても外から見ても、それはあらゆる方向において同じアスペクトを呈示しているのである。

基本的セクション*A*、*B*、*C*の議論の一般的形式は明らかに以下のごとくである。あるものは、何であれ、Fである（ここでのFはある述語である）。そうでないとせよ。その時には、それは非Fである。しかし何らかのものが非Fであることを説明することはあらぬものをわれわれの説明の中に導入することを含む。したがって、何らかのものが非Fであるということは考えることのできないことである。その結果、あるものは、何であれ、Fである。

先に指摘されたように、この議論の形式からなされた適用はすべてまったく納得の行くものではない。なぜあるものは一様でないという思想があらぬものの導入を含むのか、知るのは容易でない。というのは、われわれはあるものの一部をGであると考え、一部をGでないと考えることができるからであり、その際「G」と「Gでない」はあらぬものへの言及をまったく含まない述語だからである。そして、もしこのことが考えうることであるなら、あるものは必ずしもGでないということも等しく考えうることであり、その結果、それはたぶんそれが有していたかも知れないGであるという特性を欠くこともあることになろう。

一般に、このような考察がパルメニデス哲学の精神に反していることは明らかである。しかし彼ははっきりとこれを阻止しているようには見えない。そうするためには彼は、何が考えうるものであるかということがここでの問題であることを一般的に主張する必要があったであろう。このことは、必ずしも率直に認められていたわけではないが、確かにこの後につづく哲学をさまざまな形を取って大いに悩ました観念である。この観念は、本当の真理という資格を得ることができるものは、欲するところにしたがい、しかも則を越えずという「公」の性格を持たねばならないという観念と密接に結びついている。――それはまったくそれ自身でなければならない。それは述語づけを同一律に還元する理論と密接に結びついている。パルメニデスはこのことを暗黙の内に行っていたかも知れない。確かに彼は、どんな述語づけがなされうるかは、どんな主語がそこにあるかということに完全に依存すると考えていたように思われる。言い換えれば、「あるものは、何であれ、Fである」と考えることができると彼が認めるのは、ただFが、何であれ、あるという性格を持つ場合のみである、すなわち「あるものは、何であれ、Fでない」ということは考ええない場合のみであると考えていたように思われる。したがって、「あるものは、何であれ、Fである」ということが真であるのは、それが真であることが証明される場合であり、またその場合のみなのである。ここから結果する完全性の原理は他のところでも仄めかされている。断片1の末尾に体系の完全性が明白に主張されている。――「汝はすべてを聞きて学ばねばならぬ。」――馬がパルメニデスを連れて行くと言われている最初のところでは暗示的に「わが想いの及びし極みまで」と。

議論がもし正しく理解されてきたとするなら、パルメニデスはこれらのセクションにおいて、あるものはひとつの統一体であり、唯一であり、完全であり、変化せず、一様であることを示しているのである。否定的には、それは多でないということである。あるものはしばしばそういったものと想定されてきたのであるが。それがどのような通常の感覚においても経験によってわれわれに与えられるものでないことは明らかである。経験は感覚から引き出されるものであるが、まさにそれに対してパルメニデスは警告を発しているのである。あるものはただ理性によってのみ把握されるのである。

そのようなものであるなら、あるものは通常のどのような意味においても空間ないし時間を占めるものでないことは明らかである。そこで、あるものについて使用されているあれらの表現、その通常の適用は空間ないし時間の中にある物に対してなされるあれらの表現は、比喩的な意味と解されねばならない。したがって、セクションBの「一切は連続している。あるものはあるものに接するがゆえに」という語は、一見したところはただ空間を占めるものにのみ適用できるものであるが、もっと抽象的かつ一般的にあるもののあらゆる点からしての統一性を述べるものと解さねばならない。セクションCの「限界」(πεῖρας)も、あたかもそれはあるものが運動するのを抑制する空間的な限界でもあるかのように語られている。この点に関する抽象的用語への置き換えはすでに示唆された。もっと厄介なのはセクションEの放射状の対称性についての言である。なぜならそれはあるものが中心を持つことを示唆しているように思われるからである。これらの言の要点は「あるものは、どのようにそれを見ようとも、同じである」ということであると想定しなければならない。——それは日常世界の構成元素とは違って、常に同じ相を呈示しているのである。日常世界の構成元素は、ヘラクレイトスがきわめて明晰に指摘しているように、観点にしたがって変化する。そのように、「その場に確固としてとどまる」といった一見時間を孕んだように見える所見もまた、あるものにはどのような種類の変化も存在しないということ以上のことは含意していないと解さねばならない。

思考の唯一可能な主題の抽象的領域への移動に、セクションDが明白に述べているような日常世界に居住するあらゆるものに対する一切の実在性の否認が伴う。仮象と実在の絶縁が完成されているのである。

「(それは)ある」の帰結について言うことができる以上の結論をもって、パルメニデスの詩は終わったと考えられるかも知れない。なぜなら語られうる真理はそれ以上にはないからである。しかし断片1の女神の言葉は次のように約束していた。「汝はすべてを聞きて学ばねばならぬ。まるき真理の揺るぎなき心も、死すべき者どものまことの確信なきドクサをも。また汝は次のことも学ぶことになろう。どうしてこれらのドクサがすべてに行きわたって受け入れられるようになったのかも。」約束がここで実行される。断片8は次のように結ぶ。

ここでわたしは汝に真理に関する信ずべき言葉と思想を語るのをやめる。これよりは死すべき人間どものドクサを学べ。わが言葉の欺きの並び（κόσμον）を聞きて。すなわち、死すべき人間どもは二つの形に名称を与えようと心に決めた。だがそのひとつをも彼らは名づけるべきでなかったのであって、その点で彼らは誤ったわけである。彼らはそれらを対立する形に分け、相互に異なる印を与えた。……このもっともらしい世界の全体をわたしは汝に告げ知らせる。死すべき人間どものどのような知識もよもや汝を追い越すことのないように。（断片8, 50-6, 60-1）

ここで開陳されようとしていることは明らかに宇宙論の一体系である。このことは詩の残存する断片の内容から確認されるし、また後世の著者たちの報告によっても確認される。それゆえ、それは一般人の見解を表現するものではありえない。というのは、彼らが特定の宇宙論的体系に固執するということはないからである。今、上に引用した一節はむしろ、パルメニデスが多くの一般に受け入れられている見解をひとつの首尾一貫した体系に統合しようとしていたことを示唆している。彼はこのことを可能な限り最上の宇宙論が生み出されるような仕方でなそうとしていたのである。彼の努力を判定すべき基準は（a）体系の整合性と整合性の度合、（b）包括性、（c）もっともらしさ、すなわち観察される現象との対応性である。パルメニデスはこれらの今日では身近な科学理論の要件を初めて明確にした人であるように思われる。

これらの節においてパルメニデスは宇宙論を構築するという問題において他の哲学者たちと競うつも

りであるという彼の意図を告げると同時に、その結果は真ではありえず、単に「もっともらしい」か「欺きのもの」か「受け入れうる」ものでしかないことを注意深く繰り返しているのである。「受け入れうる」と訳された語は形容詞 δόκιμος の副詞 δοκίμως であるが、この語は元々はコインに適用される二面性を表現する語であって、「受け入れうる貨幣」といった意味を持ち、「本物」と「偽物」の中間である。

宇宙論は、厳密にはそのすべてがパルメニデスにとって意味のないものであるが、その宇宙論がなお多少なりとももっともらしくありうるとするなら、それはそれらが観察の事実と見えるものにうまく対応しているか否かするためである。通常の経験は、その全体が「(それは)ある」の道と両立しがたいから、欺き以外のものでありえない。しかし、パルメニデスはここでこの欺きの中に構造とパターンがあることを承認しているように思われる。問題は、いかにしてそういった承認が不整合なしになされうるかということである。現れやドクサについて語るということは、それらを思惟の対象として扱うということである。しかしあるものだけが思惟の対象でありうる。そして、変化する多様な現れの世界をあるものと同一視することは困難である。

ここには不整合があると思われるだけでない。もしあるなら、それは動機のない不整合であるように思われる。「(それは)ある」の道に確信を持っているのであるなら、パルメニデスは日常の経験の矛盾で思い煩う理由などないはずである。残された詩のどこにも十分な動機づけは見られない。アリストテレスは宇宙論を検討する中でただ次のように言っているだけである。パルメニデスは「現象の事実にしたがうことを強いられて、論理に基づけば一者しかないが、感覚に関しては多くのものが存在すると想定した」（『形而上学』986 b 27 - 33）。アリストテレスの言う「強いられて」というのは感覚のしつこい要求でなければならない。それにパルメニデスは抵抗できなかったのだと彼は解しているのである。この一節からアリストテレスは、パルメニデスは理性の命令と感覚のそれを二つの完全に隔離された仕切りの中に置いたと解したことが分かる。それらの間にはどのような関係もない。したがって何らの矛盾もないのである。

この点に関してはアリストテレスはわれわれが有する最上のガイドであり、たぶん彼が正しいのであろう。あるものについての陳述と世界ないし日常経験についてのそれとの間には何らの矛盾もありえない。なぜなら、後者は偽ではなく、まったくの無意味だからである。あるものは理性にのみ近づきうるものであり、感覚には近づけない。経験の世界は感覚には近づきうるが、それに関する陳述はすべて等しく無意味であるという意味において、理性には近づけない。しかし感覚は、合理的に正当化されうるものではないが、一方の陳述を他方よりよしとする根拠を与えることはできよう。この立場は、人間経験の二つの観点の間に架橋できない裂け目を作るどのような立場もそうであるに違いないようなきわめて居心地のよくないものではあるが、たぶん耐えられるものである。実在と現象のこのトータルな絶縁の考察の中に魂と身体のピュタゴラス的な分離を取り込むことは可能でない。別の世界への超自然的な旅という舞台装置は、この点から見るとき、パルメニデスの教説に適した設定であるように見える。

パルメニデスの宇宙論のより詳細な考察は第7章でなされる。

パルメニデスの教説は変化や多数性の実在性を否定することによって常識に反している。変化は一種の時間における多数性と見られるから、パルメニデスの常識的な反対者はとりわけパルメニデスの「あるもの」の一枚岩的な統一性に対して物の多数性の存在を確立したいと思うであろう。パルメニデスの仲間の市民であり、かつ弟子であったゼノンの議論は物の多数性や運動の可能性に向けられる。その一部はパルメニデスの観念に依存する。しかしゼノンは、その師を越えて、常識の本能的な仮定に内属する諸問題の見事な開発にまでいたっている。プラトンの対話篇『パルメニデス』(127 D‐28 E) でなされている説明を疑う理由はないようである。それによれば、ゼノンの議論は物の多数性の存在に固執するどのような人に対しても効果的であるよう設計されていたとのことである。プラトン、シンプリキオス、それに現存する断片の証言は、ゼノンの議論の標準的な形が「もし多があるならば」(εἰ πολλά ἐστι) と仮定して、そこから相互に矛盾する二つの結論を引き出すものであったことを示している。各議論は、それゆえ、ゼノンの議論がパルメニデス自身によって使われた議論の単なるコピーでなかったとするなら、そしてそれらはパルメニデスを彼の敵対者と同じくらい傷つけかねないものでなかったとするなら、パルメニデスの立場を補強するものであろう。使われた議論のすべてが等しく深遠であったわけではない。プラトンは彼のゼノンに、全体としてそれらは「真面目になされたものではまったくなく」、まだ彼が若かった時に哲学の議論の勝利を狙って書かれたものであると説明させている。このことは個々の議論が重要でなかったとか、あるいは重要でないということを意味するものではない。事実、その反対が真なのである。

　シンプリキオスは二つの議論を保存している。ひとつは部分的にゼノン自身の言葉、もうひとつは全体としてゼノン自身の言葉である。前者は「もし多があるなら、それは小さくもあれば、大きくもあることになる。小さいと言えば、いかなる大きさも有さないほどに小であり、大きいと言えば、その大きさが際限ないほどに大であることになる」ということを示すことを狙ったものである。

この結論の最初の分肢はシンプリキオスが引用していない議論によって作り出されたものである。しかしそれは「多なるもののいずれのメンバーも自己同一的であり、ひとつである」という事実から発していると彼は言う。議論の筋道が若干の蓋然性をもって再構成される。「多」は一定数の単位を含む。――そうでなければ、「多」と「一」の間にどのような差異も存在することはできない。ところで、各単位は正真正銘の単位でなければならない。すなわち、いかなる点からしても不可分でなければならない。したがってそれは大きさを持つことはできず（大きさは可分性を含意する）、もはやパルメニデスの「あるもの」以上のものであることはできない。

議論の第二の分肢はゼノン自身の言葉で与えられている。第一に、彼はあるものは大きさを有すると論じる。そうでないとしてみよ。その時には、存在するが、どんな大きさも有さないものがあることになる。そこで、「それが他の存在するものに加わったとしても、それを少しも大きくすることはないであろう。というのも、それはどのような大きさもないものであるから、付け加わったとしても大きさを少しも増大させることはできないであろうから。このことはすでに何ものも付け加わらなかったということを示している。だが、取り去られても他のものが少しも小さくならず、付け加わっても少しも増大させないとするなら、付け加わったものも取り去られたものも何ものでもなかったことは明らかである」（断片2）。しかし「何ものでもないもの」として記述されるものはあるところの何かではない。したがって大きさを有さないものは存在しない。

ここから、あるものが大きさを有するとするなら、大きさを有するものは際限がないということを示すことへとゼノンは進む。「しかし、もしそれ〔多数性のメンバー〕があるなら、その時にはそれはある大きさと厚みを有さねばならず、またある部分は別の部分から隔たっていなければならない。ところで、この同じことはこれら二つの部分の前にある部分にも当てはまる。それもまた大きさを有するであろうし、前の部分も〔後の部分も〕あるであろうから。このことは、一度言うなら、何度でも繰り返して言うことができる。なぜなら、そのいずれの部分も最終のものでないであろうし、また二つの部分に分けることができなくなるということは決してなかろうからである」（断片1）。ここからただちに大きさを有するものは「際限がない」という結論がつづく。

この議論はあらゆる段階で面白い。そこに見られるさまざまな観念はゼノンの議論の残余の部分と哲学史全体を等しく貫いているテーマの最初の陳述である。まず第一に、「一」と「多」、ないしは、一般に「いくつ」という議論は、「いくつとは何か」という疑問に対する一致した答えがあるのでなければ、ありえないという認識がある。一致して認められた単位がなければならない。しかし、その時には多元論者たちは彼ら自身が単位であると一致して認めることができる何かを見出すのに苦労することになろう。多元論者たちを多数性の過剰でもって困らせるのがゼノン好みの策略である。第二に、一般に（ゼノンの敵対者の大多数がなしたに違いないように）あるものは空間と時間の中にあると仮定するとき、生じる空間の問題がある。この議論において彼は「大きさ」（μέγεθος）、すなわち空間的な広がりということの含意を探究しているのである。両分肢において使用されている彼の基礎的仮定は、空間的に広がるものはそれ自身空間的に広がる二つないしはそれ以上の空間的に隔たった部分を持つということである。

この仮定は常識の大部分の擁護者と物理学の大方の唱道者とに対決している人に有効である。なぜなら、空間のトポロジーについてこの種の仮定を前提しないわずかなりとも満足な物理学的理論はいまだ提出されたことがないからである。第三に、推理や議論の方法としての無限前進の発見。第四に、彼の相手には厄介なことに、最終の項が存在しない存在者の系列を作り出すための無限前進の適用。そしてこの困惑の開発における「無限のパラドックス」の最初の探究。このようにして、この議論においてゼノンは大きさを有するどのようなものも無限に大きくあらねばならないという結論を引き出すのである。なぜなら、それは無限に多くの部分を有さねばならず、そのそれぞれが大きさを有するからである。

それについて何がしかのことが知られている他の四つの議論は、それと分かる仕方で観念の同じ循環に陥るものである。二つは「運動のパラドックス」のそれであり、アリストテレスによって記録された(それらは一般に「スタディオンとアキレスのパラドックス」として知られる)(『自然学』233 a 21 - 3, 239 b 9 - 29)。もうひとつはシンプリキオスによって保存された多数性に関する一般的な議論(断片3)。そしてさらなるひとつはプラトンによって言及されているもので、ゼノンの著作においては第一のものであった。

「スタディオンとアキレス」は、上で述べられた議論と同様、空間的に広がるものの可分性に関する仮定を採用する。議論は、アリストテレスの述べるところによれば、長さよりはむしろ点の用語でなされている。しかしこれは重要でない。ある距離を限られた時間内に通過するためには運動の無限の系列の各点を通過することが必要であることが示される。かくして、「アキレス」の議論においては、速いランナーも彼に先立って出発している遅いランナーに追いつくことができない。というのは、彼らのいずれもまっすぐなラインをずっと同じスピードで走ると仮定せよ。遅いランナーをポイントT_0から出発させよ。そして、速いランナーがT_nに達した時には、ポイントT_{n+1}に達しているとせよ。そうすれば、T_0, T_1, T_2, ……等々が終わりのない点の系列になることを知るのは容易である。その各点を速いランナーは遅いランナーに追いつく前に通過しなければならない。しかし、運動ないし通過される瞬間の終わりのない系列を完了することは不可能である。したがって速いランナーは遅いランナーに追いつくことができない。一般に何ものもどんな距離も運動することはできない。

より一般的な議論は断片3のそれであり、元の形で保存されている。

もし多があるなら、それはある数だけあり、それより多くもなければ少なくもないのでなければならない。だがある数だけあるのであるなら、それは限定されている（πεπερασμένα）。もし多があるなら（もしそれが多であるなら）、あるものは無限（ἄπειρα）である。なぜならあるものの間には常に他のものがあり、それらの間にもまた再び他のものがある。かくしてあるものは無限であることになる。

この議論の両分肢には一見したところ以上のものがある。最初の分肢では「限界」（πέρας）の概念がパルメニデスの場合と同じ仕方で完了の印として使用されている。もし「多」があるなら、それらは単位に分けられねばならない。単位は数えることができる。単位の数がどうであれ、それらはある数だけあるのでなければならない。数は「明細にアップ」されねばならない。したがって限界（πέρας）がある。これは数が定まった数であるというのと同じである。しかし「限界を持った数」はまた有限な数として理解しうる。そして第二の分肢との矛盾を生み出すためには、それもまたこういった意味に解することが必要である。言い換えれば、この分肢は、ペラスやその同族語の使用に包まれているが、定まったものは必然的に有限であるという信仰によっているのである。ここに再び哲学史の全体を貫くテーマの陳述がある。すなわち、あらゆる種類の無限を、望ましくないもの、知りえないもの、真実でないものとして、追い払おうとする試みである。

断片3の第二分肢はパルメニデス（断片8のセクション*B*）によって使用された原理によっている。すなわち、どのような二物も、別のものであるためにはそれらのいずれとも異なる第三のものによって分けられていなければならない。これに空間的な適用がなされるか、そうでないかである。（ゼノンは「間」（μεταξύ）という語を使っているが、その第一の意味は空間的である。）いずれの場合にも、それは再び終わりのない存在の系列を生み出す。というのは、AとBがCによって分けられるなら、その時にはAとCはDによって分けられねばならず、そしてAとDはEによって分けられねばならない、等々とつづくからである。

プラトンの『パルメニデス』篇によれば、ゼノンの書物の最初の議論は「もし多があるなら、それらは同じでもあれば、同じでもない」と述べるものであった。一般的観念の同じ基金から、これら二分肢に対してどのように証明が構成されるかを見るのは容易である。

それについていくらかのことが知られているゼノンの議論はさらに四つある。「飛矢のパラドックス」はアリストテレス（『自然学』239b5-9）によって伝えられているものであるが、「飛んでいる矢は同じ場所にとどまる」ということを結論とする。ゼノンは次のように論じているように見える。その飛行のあらゆる瞬間に矢はそれ自身と等しい空間を占める。そのいかなる部分も同じ瞬間に異なる二つの場所にあることはできないからである。しかし自分自身と等しい空間を占めるものは静止している。したがって矢はその飛行の間もあらゆる瞬間に静止している。したがってそれは全体としても静止しており、全期間を通じて同じ場所にとどまる。「並動のパラドックス」は、再びアリストテレス（『自然学』239b33-240a18）にしたがえば、「二倍の時間が半分の時間に等しい」という結論を生むものである。そしてそれは、等しい速度で動く物体は等しい長さを有する他の二つの物体（ひとつは静止しており、もうひとつは動いている）のそれぞれを通過するのに同じ時間を要するという仮定を含むものであった。この仮定をもってすれば、求められているような結果を構成することは困難でない。

他の二つのうちのひとつは場所に関する面白いアポリアである（DK 29 A 24）。もし存在するあらゆるものが場所の内になければならないとするなら、その時には場所もまた存在するものであるから場所の内にあり、その場所もまた場所の内にあることになり、そのように無限に進む。これは明らかに「あるもの」はそれと同一ではありえない場所の内になければならないと議論する人に対する有益な一撃となろう。もうひとつは、同様に面白いものであるが、たぶんより深い問題である（DK 29 A 29）。もし一定量の穀粒が一塊になって地面に落ちるとき音を立てるなら、その時には、量と音の間に比があるか、何らの比もないかである。前者の場合には、一粒の粒であっても、一粒の一〇〇〇分の一であっても、音を立てるであろう。後者の場合には、音を立てずに一緒に落ちることができる最大値がなければならない。そしてこの数に粒の最小の一片でも加えようものなら音を生じると考えねばならない。この面白い問題は、もちろん音波や聴覚神経の振る舞いに関する問題ではなく、必然的に曖昧な概念を使用する場合の一般的な問題の例なのである。

　パルメニデスとゼノンの議論に哲学的な注を加えることが本書の目的なのではない。しかし、あれらの議論が哲学の最も深い、そして最も永続的な多くの問題を絶え間なく生み出してきたということは事実であるので、少なくとも若干の説明は必要であろう。もっともそれは哲学的な色合いをつけるものでしかないにしてもである。

　パルメニデスがある種の新しい出発を意識的に試みていることは明らかである。デカルトのように、彼はその上にそれ以上は何も前提として置くことができないような疑う余地のない出発点を見出そうと試みているのである。時代の知的な状況を勘案するなら、このことは理解できないことではない。ミレトスの哲学者たちの原理はひとつの明快に真であるような体系は与えなかった。いくつかのライバル関係にあるそれを与えただけである。それは、それ自体、ひとつのスキャンダルである。ヘラクレイトスはその核心において根深い矛盾を見せることによって宇宙論の全体を疑わしいものにした。その背景においてピュタゴラス学徒たちは直接・間接に新しいラインの思考を鼓舞し、それをたぶん彼ら自身の秘教的な教えのために使用した。

　解釈の大きな問題が未解決のまま残されたが、それでもどのような仕方でパルメニデスが新しいスタートを始めたかは明らかである。彼のオリジナルな二者択一、「(それは)ある」か「(それは)あらぬ」かは、どのような可能な解釈に基づいても、「思惟(何らかの主題についての)は可能」か「否か」とい二者択一の大まかな等価でなければならない。もしいかなる思惟も可能でないとするなら、われわれはそれ以上何も言うことはできない。しかし、もし可能ならば、そのときには何かがある。それゆえわれわれは「あるもの」は矛盾を生み出すことのない思惟の主題であると確信する。次のステップは物の存在が何を含意するか調べることである。矛盾を避けるためにはあらぬものの導入を許すどのようなものも退けることが必要である。この原理は、どのようなものであれ、変化や多数性はこれをすべて消去させる。ただひとつのものだけがあり、それは完全で完結している。通常の人間どもや宇宙論の仮説は意味がないことになる。それはヘラクレイトスのパラドックスを乗り越える。一旦これらの仮説の無意味さが悟られるなら、その上でそれらは一種の真理であるかのように扱われても差し支えないし、可能な限り体系化されても差し支えない。ここからは何の矛盾も生じない。というのは、意味のないものは決して矛盾することができないからである。

ここで歴史的に最も重要なことは、時間、変化、多数性、分離、完全性といった概念の論理的分析である。これらのすべては基礎的である。ゼノンの議論はこの分析をつづけ、これらの概念のいずれも知解可能とすることの難しさを明らかにしている。パルメニデスの議論の一般的なラインを受け入れない人たちに対してすらそうである。ゼノンの注目すべき議論の才は、もしパルメニデスが先駆者の独創性をもって通常の人間経験の枠組みはその全体が疑問にさらされているということを示していなかったなら、目覚めさせられることはなかったであろう。

第6章　ソピストたちの時代

この章では前四五〇年から前四〇〇年の間の「ギリシア思想界」の知的動向をスケッチする試みがなされるであろう。多くが短縮されたり、省略されたりしなければならないであろう。また多くの難しい問題が論じられずに終わるであろう。特にソクラテスの活動と影響はごく簡単に触れられるのみであろう。この時期の宇宙論的考察は次章に譲る。

この複雑で変化に富んだ半世紀の分析の最初のアプローチにとっては、否定的で懐疑的な傾向と肯定的で人間的な傾向を区別するのが有益である。この時期の知的生の大方の作品はさまざまな組み合わせにおいてこれらの両傾向性を共に示している。しかしここではそれらを個別に取り上げよう。

まず否定的傾向であるが、この時代の懐疑的傾向はその多くをエレアの哲学者に負っている。パルメニデスとゼノンの議論はすべての確立された体系に大きな打撃を与えた。そして、それ以上に思弁的な推理能力への暗黙の信頼に痛打を加え、それは今もつづいているのである。というのは、あらゆる思惟、あらゆる知識、あらゆる人間経験の欠くことのできない枠組みと思われていたものに彼らは打撃を与えたからである。理性の真理はヒューマン・ライフの通常の仮定と両立しがたいということを、特に感覚がある種の知識を与えるという仮定と両立しがたいことを彼らは示したように思われた。エレア的な議論そのものは阻止しうるにせよ、しえないにせよ、あるいは回避しうるにせよ、しえないにせよ、それらはそういったものへの直感的な信頼を永遠に葬り去ったのである。

この破壊はギリシア哲学のなせしものであった。次の一〇〇年余り（これはギリシア哲学の最も創造的な時期であった。たぶんすべての哲学の中でもそうであろう）に起こった多くはエレア哲学と折り合いをつけるための延長戦と解することができる。この戦いのごく最初のステップのみが本書の関心事である。

エレア哲学の直接の影響は、それについてわれわれがいかほどかのことを知っているこの時期の二つの著作の中に明瞭に見られる。サモスのメリッソスの書とレオンティノイのゴルギアスの議論集である。メリッソス、風変わりで明らかに影響力の薄いこの人物はアリストテレスによって「未熟な哲学者」としてこき下ろされた。現存する断片からこの判断に異議を唱えるのは容易でない。メリッソスにとって、いかなるものはひとつで不可分である。それでもそれは空間的にも時間的にも際限なく広がる。レオンティノイのゴルギアスについてはより多くのことを後に述べたいと思う。エレア的な議論を展開するその議論集において、彼はゼノンのスタイルで次のような結論に達している。すなわち、（a）何ものも存在しない。（b）たとえ何かが存在したとしても、知ることはできない（c）たとえ知ることができたとしても、その知識を伝えることはできない。これはエレア流推理法に疑いを投げかけるように企図された「精神の遊び」のように聞こえる。しかし、それでも、もしくはそれだからこそ、教育的目的を持っていたように見える。というのは、ゴルギアスは討論術を含む雄弁術の職業的教師だったからである。

ゴルギアスの議論から通常『二通りの論』（Δισσοὶ Λόγοι）として知られているもうひとつの作者不詳の

議論集にいたるにはほんの一跳びである。著者の目的はいずれの問題のどちら側にも同等の論拠があることを示すことである。彼はさまざまな重要問題の扱いにおいて彼の技ないしは彼の師の技を披瀝する。これもまた雄弁術の教師による生徒のために設計された知的訓練の記録であろう。

懐疑的傾向を生むように設計された議論のテクニックを採用したこの時代のもうひとりの人物はもちろんソクラテスである。ソクラテスの方法は、どのようなテーゼの提唱者にもそのテーゼの意味と帰結について疑問を呈し、疑問を繰り返すことによって矛盾と不合理を誘い出すことであった。

こういったテクニックのすべては、しばしば輪郭ははっきりしないが、広く拡散した懐疑的傾向の表現である。アブデラのプロタゴラスは、彼はこの時代の最も代表的な人物であるが、一組の言葉で彼の同時代人の大多数に影響を与えた知識の相対性の見解を表現した。ゼノンやゴルギアスの議論から誘発されるであろうような急進的な懐疑的見解と異なり、常識の自然な擁護は直接経験の確かさに避難所を求めることである。この動きは、したがって、われわれの経験内容のどれだけが本当に公的なもので、どれだけが経験する主体に属する私的なものかという問題に注意を集中させる。この問題の懐疑的検討は直ちにプロタゴラスが提唱したと思われる徹底した相対主義にいたらしめる。

プロタゴラスは、一般的に言って、強力な人物であった。なぜなら彼はそういった立場を表現する特別な能力を持った最初の人物だったからである。彼はそれを注目すべき言葉で表現した。彼の著『神々について』の冒頭は独特である。

神々についてはわたしは彼らが存在するのかしないのかを知るどのような手段も持ってはいない。

また彼らがどのような姿を持つかも知らない。なぜなら、それを知ることを妨げるものが多いから。すなわち、それは見ることができないのみならず、人間の命も短いから。（断片4）

彼の有名な標語「人間は万物の尺度である」（DK 80 B 1）は、よい標語が常にそうであるように、彼の立場の異なる二つの要素を見事に結びつけている。真理の問題における相対主義とプラグマティズムである。それはまた人間の行為と社会の問題についての人間主義的オプティミズムでもある。

プロタゴラスは体系的な思想家ではなかった。また知識の首尾一貫した理論も持っていなかった。基礎的所与と真理の基準として生の感覚を主張したことが重要である。それにもかかわらず、それは実際に生起した体系的経験主義の試みに基礎を用意したのである。この種の面白い試みが間違って表題がつけられた『ヒッポクラテス集典』の『古い医術について』の中に見られる。この世紀のまさに終わり頃に著作したに違いないこの未知の著者は知識の理論に関する同時代の論争に参加した医者であり、いくらかの弁証法的技量を見せている。治療や養生の良し悪しの最終的基準は、それが何らかの抽象理論に合致しているかどうかではなく、患者自身がどのように感じるかであると彼は主張する。この基本テーゼに基づいて著者は医術の歴史と理論を以下のような学として素描している。すなわち医術は、この著者によれば、原始的な未開の無知から出発し、さまざまな環境においてさまざまな治療を試みるという純粋に帰納的な手段によって、そういった治療の人体への効果についての経験的知識の完成体へと進んで行ったのである。これは印象的なプログラムである。もっとも、彼自身の原理に基づいてもほとんど正当化しえないような生理学理論を著者が持っていたことが論文の末尾で明らかになるとき、その効果は半減するが。『流行病』と呼ばれている著作、特にその第一巻と第三巻は北アジアのある開業医の症例集であるが、同じ類の影響を示しているこの時代のもうひとつの医学的著作である。

なお、より一般的には、確固とした証拠によって支えられない命題について人々を懐疑的にした雰囲気の中にはひとつの経験主義的な態度があったのである。この文脈における好みの語は「テクメリオン」（証拠）である。前四二四年に作られたアリストパネスの喜劇『騎士』の中で第一の奴隷は彼の仲間の奴隷に当世風に次のように言っている。「お前は本当に神様を信じるのか。どんなテクメリオン（証拠）によってだい。」（『騎士』32-3）。経験の事実による正当化の追求は神々の普通一般の伝統的観念に疑いを投げかけただけでなく、それとはまったく懸け離れたものの思弁の上にも疑いを投げかけた。『古い医術について』の著者は天上や大地の下にあるものの性質を確かさをもって語ることのできないテーマの例として与えている。「というのは、その適用が明確で確かな知識を与えるであろうようないかなる検証もそこにはないからである。」この点においてもまた、ソクラテス的傾向は彼の時代の懐疑的気分に合っていた。彼は宇宙論的な思弁を捨てるか、ないしは排斥し、自身は人間の研究に赴き、また彼の聴衆にも同じ道を進むよう勧めた。重要な一節の中でクセノポンはそういった思弁に対するソクラテスの反論と、太陽は高温に熱せられた炎を噴き出す岩であるとするアナクサゴラスの理論に対する彼の議論を記録している（『ソクラテスの思い出』IV 7）。論拠は通常の経験から引き出されている。それは、例えば、太陽にさらすと人間の肌は褐色になるが、通常の火にさらしてもそうならないというものである。（クセノポンによれば、ソクラテスの自然学的思弁に対する反論は宗教的でもあったということを付け加えておかねばならない。）

したがって、天体の観察がそれ以前より大きなシステムで、そしてより精確にギリシアにおいてなされ始めた一方、ミレトス的なスタイルの宇宙論が時代遅れになって行ったということは驚くに当たらないのである。なおも宇宙論的思弁をつづけようとする人たちは、先にそのアウトラインを示したような反論に対して答えを出さねばならなかった。次章でその宇宙論について述べる哲学者たちは二つの異なる仕方で「感覚を超えて行った」と言うことができる。彼らはコスモスや宇宙一般の歴史と働きについてこれまでのものを一掃するような理論を生み出した。そしてまた彼らは明らかに経験からは決して引き出しえない物質の究極的な構造についての理論を持っていた。「巨視的理論」と「微視的理論」の双方に対して与えられた一般的正当化は同じであったに違いない。すなわちそれは、直接感覚に近づけないものについても人は存在するものから論じることによって知ることができるということである。それをアナクサゴラスはそれ以上短くは英語に置き換えることができない素晴らしい標語で表現している。「現れているものは明らかならざるものの眼に映る姿なり」(ὄψις τῶν ἀδήλων τὰ φαινόμενα)(断片21 a)。これはあらゆる科学的作業において無言の前提とされているひとつの原理である。この原理がアナクサゴラスと原子論者たちによって彼らの体系におけるあれらの議論、今日であれば「論理学」、「哲学」、「形而上学」に分類されるでもあろうあれらの議論をすら正当づけるために使用されたのである。それは、次章において見るであろうように、大きな役割を演じた。どのようなケースにおいても常に疑いの余地があり、結果はすべて新しい証拠に照らして修正されねばならないということがデモクリトスによってとにかくも悟られていたように思われる。それを示す彼の言葉として、若干のものが知られている。それらは文脈から切り離されて懐疑主義的バイアスのもとにひとりの著者セクストゥス・エンペイリコスによって引用されたものであって、したがって多少注意して取り扱わねばならない。

人は、この基準を使って、真実から隔てられていることを認識しなければならない。（断片6）

実にこの論もまた、真実にはわれわれは何事についても何も知らず、ドクサは各人への〔原子の〕流れ込みであることを明らかにしている。（断片7）

しかしながら、各々のものが真実にはどのようなものであるか知る方法はないということが明らかになろう。（断片8）

真理は深みに沈んでいる。（断片117）

われわれの心が摑むものは、真実には確かなものは何もないのであって、身体の状態に応じて、またそれに対抗するものの状態に応じて、変化するものにすぎないのである。（断片9）

これらの言葉の主要テーマは感覚の信頼性のなさであるように見える。しかしデモクリトスは、予測されもするであろうように、知識の一切の可能性を否定するために感覚を攻撃したのではない。むしろ逆であって、感覚によって与えられるよりもよりよい種類の知識を基準として立てている。

知識には二つの形がある。嫡出の知識と庶子の知識である。以下のすべては庶子の知識に属する。視覚、聴覚、嗅覚、味覚、触覚。他方は嫡出の知識であり、その本性において前者とは異なる。（断片11より）

デモクリトスはさらに進んで、庶子の知識はある大きさ以下のものは弁別できないが、嫡出の知識はそのような制限には服さないと言う。明らかに嫡出の知識は理由づけされた議論から得られるそれである。デモクリトス自身の理論もまたそうした議論から得られたものであると主張された。アナクサゴラスもまた同じように、感覚は一定の大きさ以下のものは弁別できないから、それらは物の真の構造の近似的ガイドたるにすぎないことを認識していた。

したがって、アナクサゴラスもデモクリトスも感覚のむら気に気づいていたのである。しかし、一般的な推理に基づく彼ら自身の理論へのありうる反論を退けるために、プロタゴラスとまったく異なる仕方でそれらを用いた。しかしながら、アナクサゴラスかデモクリトスかのいずれかによって進められた物の構造の一般理論もなお、その信憑性のために、感覚から得られる確認に依存していたというのが依然として真なのである。科学哲学の中で繰り返し論じられるこの問題はデモクリトスによって知られていたものであって、彼は状況をドラマ仕立てにし、レスリングから引っ張ってきた比喩によって感覚を心に抵抗するものとして表現している。

哀れな心よ、お前はわれわれが与える証言を使っておきながら、われわれを投げ捨てようとするのか。われわれを投げ捨てることはお前にとって転倒なのだ。（断片 125）

彼自身の理論を首尾一貫したものに仕上げようとする努力に加えて、デモクリトスは『二通りの論やプラトンによってでも使用された議論でもってプロタゴラスに反撃を加えた。もしプロタゴラスのテーゼがすべての命題は相対的にしか真ないし偽でないということであるなら、その時にはそのテーゼは自分自身にも適用されるであろうから、そのテーゼを一般的かつ絶対的に真であると想定することはそれ自体矛盾であることになる。

今ここに素描した問題をデモクリトスが真面目に取り上げていたことはもちろんである。しかし、残念なことに、彼の考えを示す断片はごくわずかしか残っていない。入念に作り上げられた細部について何ほどかのことがテオプラストスから知られる。例えば、彼は特定の色や味を一定の形状や一定の原子の組み合わせによるというように説明して、感性的諸性質の微視的基礎を作り上げようとした。この時代には知覚や錯覚の現象の意識の高揚が一般に見られ、そのことがあらゆる分野において証明の基準という問題を浮かび上がらせることに寄与した。ヒッポクラテスの『流行病』の第一巻と第三巻についてはすでに述べた。この著者は観察を可能な限り理論から引き離して記録し、保存する必要性を常に意識していた。医学思想におけるこの動向と歴史家トゥキュディデスの結びつきはよく知られている。歴史と社会に関するトゥキュディデスの一般的な考え方については、後に手短に考察されるであろう。ここで歴史や一般的な事柄における真理と知識の問題に彼が深い関心を持っていたことを述べておくのが適当である。（このことは彼の著作の多くの節で証明される。）特に彼は人々を現実から逸らしてしまう錯覚の力とその多様性に深い関心を持っていた。錯覚は彼にとって人間社会における最も重要な病的因子であった。この問題の取り扱いにおいて彼は、何ほどかは医学の著者に負い、何ほどかはアテナイの悲劇作家に負っているが、しかし心理学的分析の繊細さと洞察力において彼はいずれの古典作家に比しても無比である。

この時代の眺望の懐疑主義的傾向以外のもうひとつの特徴は、その人間主義である。少なくともこの半世紀の前半部には、ペロポネソス戦争（前四三一―前四〇三年）の進行に伴って減少傾向にあったにせよ、人類とその知恵、技量、社会的調和の能力に対するオプティミズムの旺盛な精神があった。この精神は、例えばソフォクレスの『アンティゴネー』（332-75）のよく知られたコーラスや、さらに一層よく知られたパルテノンのフリーズの彫刻によって表現されている。これら両者は共に前四四〇年頃のものである。ペリクレスの民主主義がアテナイ帝国を管理していたし、視覚芸術やアッティカ悲劇が過去半世紀の彼らの征服を祝っていた。この気分がプロタゴラス、ゴルギアス、ヒッピアスといった旧世代のソピストたちのそれである。人生に対する陽気なプラグマティズム的態度と人類の本来の課題は人間に他ならないという確信が時代の懐疑主義的傾向と溶け合っていた。人間の振る舞いや性格の還元不可能な多様性が受け入れられ、何よりも、ほとんどの障害は知性によって乗り越えられるという、特に知性が技量や知識の本体として、すなわちテクネーとして集積され、有機的に一体化されるとき、乗り越えられるという人間精神の能力への信頼があった。テクネーの概念は、長くギリシア言語の中に存在してきたものであるが、この時代に研ぎ澄まされ、より重要となった。それは単に伝統的な技量や工芸を意味するだけでなく、主題の本性にしたがって編成された理論的ないし実践的知識の明快に分節化された体系を示すものとなったのである。言い換えると、それは今日「科学」という語が有しているのとほぼ同じような意味を有するものとなったのである。ソピストたちは新たな自覚を持ったテクネー、

「語る科学」の職業的教師と見られねばならない。

ここで「ソピスト」（σοφιστής）という語について何ほどかのことを付言しておかねばならない。前五世紀においてはこの語は、その範囲はなお一般的で、語調は中立的であった。それは特別な知識、技量、あるいは何らかの才能を有するどのような人をも指し示すために使用することができた。そして必ずしも軽蔑的であったわけでなく、また皮肉的でもなかった。前五世紀の後半には、それは単に弁論の教師に適用されただけでなく、宇宙論者、天文学者、数学者、その他の多くの学者に適用された。現代にまでいたるその後の使用法は前四世紀のプラトンとアリストテレスに大きく影響された結果である。プラトンやアリストテレスはそれを「哲学者」に対立させ、一見哲学的な才能と洞察を有するかに見えるが実際には有さない者、真理に向けられたのでない虚偽的な議論からその効果を引き出す者を指し示すために使用した。彼らが前五世紀の弁論の職業的教師たちをも、前四世紀のその子孫たちと同様、この意味での「ソピスト」と見がちであったのは自然であった。

いずれの意味であれ、正確な意味で「ソピスト」という語を用いるのは難しい。この章では、以下のようにこれまでも用いられてきたし、これからもまた用いられるであろう。すなわち、「ソピストの時代」というのは前四五〇年から前四〇〇年の期間を意味し、「ソピスト」はその期間に花開いた弁論の技術の職業的教師たちを意味する。また（時には）知的見栄えと活動においてそういった職業的教師に近いと思われる他のいずれの人々をも意味する。

弁論の職業的教師たちは言語の使用を「学」にまで引き上げたと公言した。そして彼らの知識を対価を得て誰にでも分け与えることを申し出た。彼らは「高等教育」という概念の最初の唱道者である。授業料を払うことができる誰に対しても彼らは日常生活上必要とされるものを越えた精神的訓練を提供した。とはいえ、それ自身で完結した精神文化のひとつの理想を彼らが提案したなどとは結論すべきでない。純粋に知的な（場合によっては審美的な）生き方という観念は、思い描かれてはいたが、まだ生まれていなかったのである。精神文化は「それ自体で」望ましいものと考えられるであろう。しかしこのことによって意味されているであろうものの一部は、それが人々を社会的、政治的生活においてより役立つものにするということであろう。「教育（ここでは高度な教養が意味されている）はそれを有する者にとって第二の太陽である」と、おそらくこの時代の誰かが言った（DK 22 B 134）。別言すれば、教育は生まれ持った才能を高め、それをより十分に、より効果的に使えるようにするということである。再度言っておくが、「語る訓練」と「思考する訓練」の間に何らかの相違があるという意識はこの時代にはまったくなかったと考えねばならない。むしろ、効果的に話すことを学ぶということはまた思考することを学ぶということであり、思考を効果的に適用することであると考えられていたのである。

古い世代のソピストたちによって提供された教育は、それゆえ、英国のパブリック・スクールの伝統的な古典教育に著しく似ていた。両者共に人生のための訓育と考えられており、科学や学問とは考えられていなかった。共に人文主義的、反教条主義的バイアスと一体化していた。両者とも、原則として、公的生活において有力な地位を占めそうな若い人々に提供された。そしてさらに、両者とも一部は一定の古典的著者たちの研究と解釈に、一部は弁論、暗唱、作文の実施訓練の上に基礎づけられていた。それらすべては心的な力の発達を一般的に助ける訓育と考えられていたのである。

このような教育の理想が生み出され維持されるには、一部は学者、全体として教師、尊敬はされなくともその存在と知識によって注目を集めるような著しい個性を持った人物がいなければならない。旧世代の指導的ソピストたちはそのような人たちであった。プロタゴラス、ゴルギアス、そしてヒッピアスがそうである。そういった人物は舞台を必要とする。たいていのソピストたちは授業料を払いそうな生徒が見出せるところならどこででも教える巡回教師であった。彼らはオリンピック競技のような汎ギリシア的集まりの場で自分を売り込んだ。そして、世紀が過ぎ行くにつれて、彼らが他のどこよりもむしろアテナイに集まるようになったのは自然であった。アテナイはさまざまな理由から知的中心地になっていた。海洋支配と通商によってアテナイはその時ギリシアの最も富めるポリスであり、情報交換の自然な中心地であった。民主主義がペリクレスのもとで寛容とニュー・アイデアへの開放性を誇っていた。悲劇の上演がギリシア世界の他のいずれとも比べようもない規模で挙行されていた。後にペルポネソス戦争の厳しい緊張のもとで自慢の寛容は一時消失した。三人の指導的人物、アナクサゴラス、プロタゴラス、ソクラテスは、それぞれ異なる時に不敬罪かそれに似たような咎《とが》によって告発された。アナクサゴラスはその人生の大半を過ごしたアテナイを去った。プロタゴラスもまた去った。彼は公権力によって著書を焼かれた最初の人として歴史に名を残した。ソクラテスは、望めば国外追放か罰金によって逃れることもできたが、死刑に処せられる方を選んだ。

アブデラのプロタゴラスの人物像については、すでに何ほどかのことが述べられた。彼は真に独創的な思想家であることなしに彼の時代の知的生活を支配した。彼が提供したものは、エラスムスやヴォルテールのそれと同様、思考の独創的なスタイルであり、ひとつの知的姿勢であった。彼の文筆は印象深く、またある種のスタイルを持っているが、一般に受け入れられているどのような知恵にも与しない不遜さと、通常の経験を越えて行く大胆な主張のどのようなものも一般に疑うという精神を表現している。ゴルギアス（シケリアのレオンティノイの）は、とりわけ散文作品の新しいスタイルの唱道者であった。特に公共の場での演説のためのそれを唱道した。このスタイルは、前四〇〇年以前のある時期、短くはあったが、多大の人気を博した。その特徴は平行的な章句と対照的な章句をポイントと効果を求めて絶えず精巧に組み合わせて行く点にある。そのスタイルは長ったらしく気取ったものであったが、ひと時、思想を言葉で表現するまさにその方法であると思われたに違いない。この方法で言語をして思想の真の姿たらしめることが可能であるかも知れないという幻想はトゥキュディデスのような強力な独立した精神をさえ捉えている。彼の円熟したスタイルもなおゴルギアスの影響の跡を示しているのである。ゴルギアスが彼の弟子たちに与えた弁論と著作の訓練は、先に見たように、哲学的議論の練習も含んでいた。もっともそれは哲学的議論そのもののためではほとんどなく、一般的な弁証的技量へのひとつの助けとしてであったが。エリスのヒッピアスは、ソピストのもうひとつの面、百科全書的知識と普遍的技量の面を代表している。ヒッピアスは、幾何学、地理学、天文学、文学と文献学的研究、絵画と彫刻、さらに公共の場での演説と議論など、広汎な学識を所有すると主張した。彼の関心の中には思想史も含まれており、彼は初期のプレソクラティクスに歴史上の人物として関心を持った最初の人である。

ソピストたちの言説と方法は、次の世紀、プラトンによって攻撃された。プラトンの批判はその輝かしさとパワーによってその後の評価のすべてに影響した。しかし彼ら自身の時代においてすら、ソピストには明確な反対者があった。最も注目すべきはソクラテスであり、彼の問いと答えによる議論の方法はソピストたちが混同しがちだった二つのものを分離するひとつの方法である。すなわち、理性の力と言葉のパワーである。ソピストを前期と後期に分けることができるとするなら、この二グループ間の変化はソクラテスなどからの批判に対する応答と解することができる。また、たぶん、ペロポネソス戦争の過酷な現実に対する反応でもある。後期のソピストたちは、プロタゴラスや彼と同時代者たちの、どちらかと言えば寛大で保守的な説を捨てて、急進的な道徳論や政治論を唱えるようになって行った。(これについては後に多少のことが述べられるであろう。) プラトンの前期のソピストたちの扱いと後期の若い世代のそれの描写との間には明らかに相違が認められる。前期のソピストたちは、哲学的な浅さや性格のマイナーな点が指摘されはするが、いくらかの愛情と尊敬をもって扱われている。『ゴルギアス』のポロスや『国家』のトラシュマコスのような後期の若い世代のソピストにはまったく同情が示されていない。

弁論の職業的教師たちは単に教育者として重要なだけでなかった。彼らは少なくともいくつかの理論的研究に基礎を置いたのである。話される言葉とその人々に対する効果への思考の振り向けが意味の問題の体系的研究の端緒を開いた。ケオスのプロディコスは、彼は旧世代のソピストに属するが、一般に同義語として使われている言葉の間に意味の区別をつけたことで知られるようになった。これらの区別は当該の語に形式的な定義を与えることによってなされた。(主題の学的な取り扱いにおいて明快かつ一般的な定義が必要であるとのことはソクラテスの探究にも見られるし、この時代の幾何学の発達の中にも見られる。) プロディコス以外にも、前四世紀のそれを予兆するようないくつかの孤立した議論の報告がある。面白いのはクラチュロス。彼はヘラクレイトスの研究に混乱を引き起こした(第3章参照)。そして若いプラトンに影響を与えたが、そのクラチュロスはこう考えた。自然界においては変化が連続的かつ一般的であるので、その中で言及される唯一可能な対象はその対象の瞬時の状態であり、当該の瞬間にその対象を指し示すことによってしかそれに言及することはできないと。彼がさらにどのような言及の対象を許容したかは知られていない。しかし単一の「自然な」言語があったか、ないしはありえて、その中であらゆるものがその「真の」名前を持っていたと彼は考えていたようである。ヘラクレイトスの自称後継者としては驚くに当たらない見解である。もっとぼんやりした人物はソピスト、リュコプロンである。その考えにアリストテレスが簡単に触れている。言語について考え始めるとき、特にパルメニデスの光の下に考え始めるとき、述語づけの本性について問題が立ち上がってくるのはごく自然なことである。「その男は白い」と言うとき、それは、一見したところ、男が「白」に分類される物と同一であることを言っているように見える。少し考えると、このことは誤っており、述語づけは二つの物の同一化でありえないことが分かる。リュコプロンは、それゆえ、「ある」を落とすよう提案した。ないしは、そういった陳述におけるそれに相当する語を誤読として落とすよう提案した。われわれは「男・白」と言わねばならないのである。(これは英語では成句をなさないが、ギリシア語や他の多くの言語では相当語句である。)より重要なことは、述語づけを主語と述語によって指示される性質との間の一定の関係の存在の主張として取り扱うようリュコプロンが提案したことである。例えば、男と白さの間の関係である。この関係を彼は「一緒にあること」ないし「共にあること」(シュンウシア)と呼んだ。

言語についての思索はまた文法と文学批評の始まりを生み出した。詩が初めて文学として研究された。単に楽しいとか、感動的であるとか、教訓的であるといったことに代わって、人々は科学的精神においてそういった効果を生み出す手段を考え始めた。説得の道具としての話し言葉にも同じ研究がなされた。もちろんたいていは政治学と法廷への適用に関してであったが、しかしそれだけではなかった。ソピストのアンティポンは、ある報告によると、彼の説得術を精神療法に適用した。「彼（アンティポン）は医者が病人を治療するのと同じような心の悩みを癒す術（τέχνη ἀλυπίας）を開発した。そして、そのためにコリントスのアゴラの横に部屋を設《しつら》え、彼は言葉によって心の悩みを治療することができるという広告を出した。彼は患者から〔悩みの〕原因を尋ね、〔用意した話でもって〕彼らを慰めた。しかし彼はこの術を自分にふさわしいものではないと考え、弁論術に転向した。」（DK 87 A 6）

　これらすべての中には物事を体系化し、明白化しようとする衝動がある。この衝動はそれほど公の注目を引かなかった他の諸学の発達の中にも観察される。それ自身の権利に基づく学としての算術、幾何学、天文学の発生において決定的であったように思われるのは、この半世紀である。順序だった配列や明晰な定義の必要性の認識、またそれと共に（数学においては）仮定と証明の明白な陳述、（天文学では）精密に相関した厳密な観察でもって、これらの学の生成はあったのである。同時に医学理論や臨床技術、体育や軍事訓練、音楽理論、それにその他の人間活動の諸分野を同様に体系化しようとする試みがあった。それは懐疑主義の空気の中で擁護しうる確かさを求める探究でもあった。ペロポネソス戦争の開始に当たってどうして彼がその『歴史』を書こうと決心したかを語るとき、トゥキュディデスは今日わたしたちが考えているような歴史の起源を明らかにしている。「そこでわたしはその全期間を通して生き、しかもそれまでに思慮分別もあり、物事に注意を払うことができる年齢に達してもいたので、一定の明確な知識を獲得できるであろうと思った。」（V 26, 5）

ソピストの時代の中心問題は一貫して同じであった。すなわち、それは人間である。ないしは個人と人類である。人間本性のあらゆる面について、歴史や社会について、そのすべての考えをこの章において公平に扱うことはできない。それらはこの五〇年の間に熱帯雨林のように繁茂し、それらが材木を提供して、そこから前四世紀の偉大な体系的構築物が作り出されたのである。ここではただ二、三の興味深い思想ラインだけを手短に指摘しておく。

人間の解剖学と生理学の研究は、初期の西ギリシアにおいて有望な始まりがあったにもかかわらず（第4章参照）、この時代にはそれほどの進歩はなかったようである。したがって、ソピストの時代の最上の医学的著述家というのは実際の治療において大量の臨床的事例を集めることに専心していた人々であった。この時代の最上の精神の注意を惹いていたものは人間の特殊な諸相である。人間の感情や動機の多様性と複雑さ、人の環境への適応性、稀な知性、ユニークな社会制度、そして特に言語である。この新しい観点は、人間の歴史は試練や失敗を経ながらも完全に文明化された生に向かってゆっくりと連続して発展して行くという楽観主義的な歴史観としばしば結びついていた。

ずっと後代の著述家、歴史家であるシケリアのディオドロスは、おそらく前五世紀の後半の出典から得られた初期の人類史の記事を保存している。それは完全な形でここに引用する価値がある。大地の起源を説明した宇宙論の後、記事は次のようにつづく。

大地は最初太陽からの火に照らされて固まり、次に熱が表面を醗酵によるかのように隆起させた。

湿った部分が多くのところで一緒になり、膨れ上がったことによってである。そしてこれらの膨れ上がったものの中に薄い皮膜に包まれた腐敗が生じた。これは沼地や澱んだ場所で今も見られるものであるが、地面が冷却化される一方、大気が気温の急激な変化によって焼けつくように熱くなる時に生じる。次にこれらの湿った包みが今述べたような仕方で熱によって生命を孕んだ。そしてこのことが進行する間、それらは夜間周辺を取り巻く大気から降りてくる霧から直接栄養を摂取し、他方昼には熱によってさらに固くなった。そして最後に胎児が完全な成長を遂げたとき、皮膜が熱によってしぼんで破れ、さまざまなタイプの動物が生み出されたのである。

これらの動物のうち、温を最も多く分け持ったものは翼を持つものとなってより高い領域へと赴き、その構成において土が広く行きわたっているものは爬虫類とか地上に棲息する動物の系列に入れられ、水分の本性を主要に分取したものは適切な場所に集まって水棲動物の類を形成した。大地は太陽の火と風によってますます固くなり、最後には大地はもはやより大きい動物はどのようなものも自らは生むことができなくなり、生き物はそれぞれの種ごとに交配によって生み出されるようになったのである。

万有の最初の生成についてわれわれが受け取った教えはこのようなものであるが、他方、人間でも最初に生まれたものは定まらぬ獣のような生活の中に置かれていて、一人二人と食物をあさりに出て行き、植物や自生の果実の最も適したものを食していたと言う。そして野獣に攻撃されたとき、互いに助けに駆けつけるようになったが、そうすることが利益であることを学んだのである。また恐れから再三集まるようになり、少しずつ互いの性格を知るようになった。また音声も最初は不明瞭ではっきりしないものであったが、少しずつ舌の発音をはっきりさせ、かつ対象の各々について互いの間で取り決めを定めることによって、語を使用してあらゆるものを指し示すことを学んだ。そして、このようなグループが人の居住するあらゆるところに形成され始めたが、すべての人々が同じ言語を持つわけではなかった。それぞれのグループが任意に言葉を確定したからである。このことが今日さまざまな種類の異なる言語が存在している理由であり、最初に形成されたグループがすべての異なる部族の祖先となったのである。

ところで、最初の人間たちは生活にとって有用なものを何ひとつとして見出していなかったので、苦労の多い生活を送っていた。装いは裸のまま、火の使用も定住の習慣もなかった。また植物を食用のために栽培する考えもまったくなかった。彼らは野生の食物を収穫する仕方も知らなかったし、自生の植物の果実を飢饉の時のために貯えるといったこともまったく知らなかったので、冬場には多くの者が寒さや飢餓のために命を落とした。しかし、こういったことから徐々に経験に学んで、冬には洞窟に避難し、また果実の中でも保存可能なものは貯えるようになった。そして、少しずつ火やその他有用なものが発見され、種々の技術やその他文化生活に役立つものが見出されて行ったのである。一般に、常に人間の教師となったものは必要だったのであり、必要が然るべき教えを授けたのである。人間は資質に恵まれた動物であったためにそういった教授を受け取ったのであり、また人間は、彼が企てるあらゆることに対する助力者として、手、理性、俊敏な理解力を持っているのである。（シケリアのディオドロス『世界史』I 7, 8: デモクリトス断片5）

この言葉が第一義的にアナクサゴラスによるのかデモクリトスによるのかは学者間に論議のあるところであるが、この章の目的にとってはそのどちらでも構わない。明らかなことは、これが前六世紀に遡る考え方の上に描かれているということである。アナクシマンドロスも動物の起源について本質的に同じ説明を与えており、クセノパネスは試みと失敗から学ぶことによって人間は次第に進歩してきたという考えを持っていた。ソピストの時代の特徴は言語と社会の起源に向けられた特別な関心である。そしてそれはまた人類のその他の特徴的な諸相にも向けられていた。

悲劇や視覚芸術における人間の情動の生き生きとした描写もまた前四五〇年以前の一〇〇年間に達成されたものである。ソピストの時代にソピストや劇作家の注意を等しく占領し始めたものは人間の性格や人間社会の複雑さであった。(例えば)個人における理性と感情の葛藤とか家族の結びつきと市民的な規制の間の葛藤などの諸々の可能性であった。動物間における人間の特異な位置というものは、ある意味において、人間がきわめて複雑な作りをしており、人間社会もまたそうであるという事実と結びついているということが悟られた。ソピストたちは、彼らの法廷弁論への実践的関心に係わって、とりわけ咎《とが》と責任の問題に関心を持っていた。そして行為者がある力によって圧倒されるような事例、したがって問題の行為は実際には彼のものでなかったと主張しうるような事例を問題とした。しかし、この時代の人間の動機の複雑さへの最も偉大な洞察はアッティカの悲劇作家とトゥキュディデスのきわめてデリケートな臨床的分析に見出される。

人間社会の構造と働きは、およそ一世紀か、あるいは一世紀以上の間流行した用語によって議論されたが、しかしこの期間にそれは変容を蒙った。人間の身体と政体間のアルクマイオンのアナロジー(第

4章参照）は、それら自身に託されたさまざまなパワーの自然的な働きとそれらを有機的な組織とするクラシスの調和させる作用の間の対照を前提とする。こういった対照の始まりは、ヘラクレイトスを越えて、前六世紀の初期のアテナイの立法者ソロンの詩にまで遡る。そして、それはまたアナクシマンドロスの宇宙論の中にも含まれている。そこでは敵対する対立がそれらの外ないしは上にある正義によって規制され、バランスが保たれているのである。この対照はピュシスとノモスの対置における要素のひとつであり、これは前五世紀の後半には決まり文句になった。そこに含まれる論点は、不幸にも、ノモスという語が有する曖昧さによって混乱した。このノモスという語は必然性、非恣意性という意味の「法」を意味するだけでなく、単なる習慣、一般に受け入れられている慣行、社会的因習の意味でもありえた。ところで、習慣や社会的慣行がしばしば著しい仕方でひとつの社会から別の社会へと変わるといったことは再び前六世紀のイオニア人の観察であった。プロタゴラスの相対主義の効果は、これらすべての習慣は等しく有効であり、言い換えると、すべて等しく恣意的であることを示すことである。恣意的な社会的因習と物事の真の状態の間のもうひとつの異なるノモス―ピュシスの対照がここにあったのである。デモクリトスは彼の存在論を以下のように表現している。「甘さは慣わしによること、苦さは慣わしによること、温かさは慣わしによること、冷たさは慣わしによること、色は慣わしによること、本当は原子と空虚あるのみ」（断片9）。

二つの論理的にまったく異なる対照がノモスとピュシスによって示唆されただけでなく、若いソピストたちの間にはそれら両者の理論的アマルガム〔合金〕を生み出した一派があった。この一派は、人間社会には自然法といったものもなければ、個人にとっての振る舞いの自然的かつ普遍的な規則といったものもなく、したがってこれらの領域で申し立てられている「法」なるものはすべて恣意的な因習にすぎず、「弱者」を「強者」から守る目的で社会を規制するために考え出されたものでしかないと主張した。この見解に基づけば、「自然」であることは完全に利己的であることなのである。なぜなら、社会の人為的な強制から自由な時には、人間は常にそのように振る舞うであろうからである。これらの極端な見解は旧世代のソピストたちのものではなかったが、その世紀の最後の二〇年ぐらいに属しているように思われる。何がしかの名声を得たただひとりのアテナイ生まれのソピスト、アンティポンの断片が過激論者の語調と気質についていくらかのことを伝えている。

……そこで、正義とは、人がそこで市民生活を営むポリスの法や習慣を踏みにじらないという点にあるのである。したがって、人が自分にとって最も有利な仕方で正しくある方法は、証人がいる時には法を尊重し、彼がひとりで証人がいない時には自然の命じるところを尊重するということであろう。法の命じるところは余計な付け足しであるが、自然の命じるところはまさにわれわれの存在の一部であるところの強制なのである。法とは人為的な取り決めであって、自然に生じたものではない。他方、自然は自然的なものであって、取り決めではない。そこで、法を踏みにじっても、取り決めに参与した人々に気付かれないなら恥も罰も免れるが、気付かれるならこの限りでない。これに反して、自然に具わったものを限度を越えて抑えつけようとするなら、結果するダメージは、たとえ人に気付かれていなくとも、それだけ小さくなるわけではなく、逆にまた公のものになっても、それだけ大きくなるわけではない。なぜならダメージは人々が考えることによって引き起こされるのではなく、実際に起ることによって引き起こされるのだからである。

いずれにせよ、これらの考察から導き出されることは、法によって課せられる義務の多くは自然と敵対関係にあるということ、このことである。というのも、法がなしてきたことは、目に対してはあるものは見なければならないとし、あるものは見てはならないとし、耳に対してはあるものは聞かねばならないとし、あるものは聞いてはならないとし、また舌に対してはあることは言わねばならないとし、あることは言ってはならないとし、手に対してはあることはしなければならないとし、あることはしてはならないとし、足に対してはあるところには行かねばならないとし、あるところには行ってはならないとし、心に対してはあることは望まねばならないとし、あることは望んではならないとすることだからである。法が人々に禁ずるところも、命ずるところも、いずれも等しく自然には厭《いと》わしく疎遠であるというのが本当のところではなかろうか。

……そこで、もしわれわれが正しく考察しているとするなら、苦痛であるものの方が快適であるものよりもより多く自然を益するというのは真ではないのであって、したがってまた人の関心の内にあることは快適なものであるよりは苦痛なものであるというのも真ではない。真に人間によいものは彼を益するのでなければならず、彼を害するのではない。……

プラトンの『ゴルギアス』と『国家』の第一巻に同種の理論の有名な陳述がある。しかし、この主題に関するデモクリトスのアイデアから復元されうるものによって示されるように、人間本性の本質的に同じ見解から道徳的・政治的振る舞いの功利主義的理論に到達することが可能であった。

ここで一層重要なのは、この時代の二人のアテナイ市民の業績である。そのいずれもソピストではない。歴史家トゥキュディデスとソクラテスである。ソピストの時代のどのような論述も繰り返しトゥキュディデスに立ち戻ることを避けることはできない。彼は世紀の終わりに彼のパワーの頂点に達していたが、時代のグランド・テーゼのすべてを吟味にかけ、その独立不羈《ふき》な強力な知性の光のもとにそれらを退けたり、解釈したりした。トゥキュディデスは人間の歴史を社会病理学の大きな症例本と見ており、ペルポネソス戦争のその説明において、あの長い病気の真の経過、症状、そして可能な限りその原因を正確かつ公平に示そうとした。その意図を実行するために彼は、決定的な瞬間に決定を下す役割を果たした考慮であったと彼が考えたものだけでなく、人間や社会についての彼自身の見解の多くもまた演説者の口の中に投入している。演説の中で彼は状況がいかに働くかを実例によって示すと共に、またその実例を分析し、それを一般化している。歴史というものは、何世紀もの間、同じ集中力と同じ知的資源でもって書かれたわけではない。ここではトゥキュディデスからの引用は行わない。彼を公正に扱おうとすれば、必ずやこの章のバランスを崩してしまうことになろう。適当な英語の翻訳が利用可能であり、『歴史』は全体として読まれ、かつ再読されることを求めるものだからである。

ソクラテスもまたこの書の制約内では適切に論議されることができない。人生いかに生きるべきか、人間の行為はいかに評価されるべきか、それに基づいて人々がそういった問題を議論する「良い」、「悪い」、「正しい」、「幸福」などといった鍵概念の意味するところは何か、といった人間行為の大問題に取り憑かれて、彼はそれらに幾何学という新しく発達した学のそれに結びついた探究の方法を適用した。その特徴は、明晰かつ一般的な定義に基づいて、それらの定義から一歩一歩推理して他のどんな仮設が手に入れられるかを示さんとするところにある。しかし幾何学者の探究は彼らを定理から定理へ、問題から解決へと導いたが、ソクラテスのそれは、主題固有の難しさのゆえに、一般にただ問題から問題へと導くだけであった。そして、彼の探究は対話であったため、ソクラテスは、それに関してあらゆる人が直感的に語るに値する何かを持っていると信じている問題について、その確信の公の破壊者となった。プラトンを含む彼の弟子を惹きつけ、熱狂させたものは、この人の深い真摯さと結びついたこのすべてを廃棄して行く弁証法的技量だったのである。プラトンへと発展するその影響を通してソクラテスは、後代の哲学の歴史に対して、彼自身の生涯の思想にとってそうであったことが証明されるよりもはるかに重要な存在となったのである。

第7章　パルメニデスからデモクリトスにいたる宇宙論

この章は前五世紀後半の思索の宇宙論と自然学に集中した部分を取り扱う。それゆえ一般的には「ソピストの思想」というよりは「プレソクラティクスの哲学」として分類される。この区分は便利ではあるが、しかし多くの点で人為的である。宇宙論に関心があった人たちも、そうでなかった人たちと常に関心を共有していた。しかしながらこの時代、前章でも見たように、宇宙論的思弁は最も影響力ある精神によって疑わしい価値しか持たないものとなってしまった。その結果、なおそういった思弁を試みた人たちは、むしろその点で、時代の主要な流れから外れた存在になってしまったのである。

この章の宇宙論者たちは二つのグループに分類される。第一は「西の人たち」、パルメニデスとエンペドクレスである。両者とも先の章から馴染み深い人たちであり、その宇宙論は疑いもなくイオニアの主要な伝統の外側にある。第二は後期イオニア学徒であり、その最も傑出した人物はクラゾメナイのアナクサゴラスとアポロニアのディオゲネス、それにレウキッポスとアブデラのデモクリトスである。これらの人たちは、そのすべてがおよそ前四五〇年と前四二〇年の間に活動したと思われるが、彼らは、多かれ少なかれ、ヘラクレイトス、パルメニデス、ゼノンなどの批判に考慮を払いつつ、ミレトスの宇宙論の伝統を継承することをそれと分かる仕方で試みている。前五世紀後半の南イタリアの「ピュタゴラス学徒たち」については、ここでは語らない。これらの関心が持たれる人々は真正なピュタゴラスのそれであったかも知れないひと組の宇宙論的アイデアを保存していた。それらは後にプラトンに影響を与えた。しかしそれらは独創性と深さにやや欠けるものであり、この時代の主要な展開からは外れている。

I　パルメニデス

パルメニデスがどのような宇宙論も虚偽の収集でしかないと考えたに違いないということ、そして彼自身の宇宙論も、虚偽を体系化し、真と思いなされることを最も満足の行く仕方で説明するという意味において可能な最上のものたらんと意図したものでしかないということが、第5章において論じられた。これがどのようになされたのかの推測は、今日活用できる証言からは、きわめて限定された範囲でしか知られない。

まず第一に、明らかに宇宙論においては変化や多が可能でなければならない。最小のミステークは、したがって、一なるものに代えて二つの主題を許すことであろう。

そこで死すべき者たちは二つの形に名称を与えようと心に決めた。だがそのひとつをもそうすべきでないのであって、その点で彼らは誤ったわけである。彼らはそれらを対立する体つきのものに分け、相互に異なる印を与えた。一方は炎々たる天空の火。それは明るくきわめて稀薄で、あらゆる面において自分自身と同じであるが、他のものとは同じでない。そしてもう一方のものは、それ自体としてそれとは反対の暗き夜。その体は濃密で重い。（断片8, 53-9）

これは真理の問題ではなく、「死すべき者たち」の側における誤ってなされた決定であることが強調されている。一なるものに代えて二つの形を許すことは誤りであるから、それらの両者に名称を与えることも空虚な申し合わせでしかないのである。それらの各々は名称を持つだけでなく、それによって他から区別されるひと組の特徴的な述語も持たねばならない。これらもまた恣意的な申し合わせによってあてがわれるのである。次のように。

形Ⅰ　名称：火　述語：明るい、稀薄、天空
形Ⅱ　名称：夜　述語：重い、濃密

ここからさらに次の断片がつづく。

しかしあらゆるものが「光」と「夜」という名称を受け取り、それぞれの能力に応じた述語がさまざまなものに割り当てられたからには、すべては光と眼に見えぬ夜に共に満たされている。双方とも等しい量で。あらぬものはそのいずれにも現存しないがゆえに。（断片9）

ここには、詩の最初の方と同様、不均等は存在しないということから対称性への推理がある。光（「光」が形Ⅰのもうひとつの名称である）と夜は等しい量で存在しなければならない。なぜならそれらの間の対称性を狂わせる第三の要因は存在しないからである。明らかに、このバランスは永遠に保たれ、したがって両形とも保存の法則にしたがうとのことが言外に含意されている。形の各々は「あるもの」の固有性を可能な限り継承し、それ自身において変化せず、永続的かつ完全にそれ自身でありつづけることをこの断片は示唆している。変化と多岐性は、したがって、二つの形の配列と再配列に帰されねばならないことになる。このことはアリストテレス（『形而上学』986b33-4）と学説誌家たちが確認している。もっとも彼らは二つの形を「火と土」とか「温と冷」と呼んでいるが。これらの名称は宇宙論における二者の役割にさらなる光を投げかける。アリストテレス（『形而上学』984b1-8）はさらに、火は能動的、形成的原理であり、土は受動的原理であることをわれわれに語っているが、これはこのペアを中国思想の陰・陽に比べさせる。

さらに不可解なことに、アリストテレス（『形而上学』984b34, 987a2）は、パルメニデスは形Ⅰを「あるもの」に、形Ⅱを「あらぬもの」に配当したと言っている。これを意味ある言とするひとつの方法は、形Ⅰの火と熱は思考と知性に対応し、そして「あるもの」は詩の最初の部分においては思惟するものでもあったということに留意することである。パルメニデスは、後に宇宙論において知覚は「同じものが同じものによって」と考えたので、この相関の示唆するところは、完全に火となった精神はただ形Ⅰのみを知覚するということであろう。それゆえ、パルメニデス自身が信じたような変化のない統一的世界を知覚するということであろう。宇宙論は、それゆえ、ある意味において「真理の道」の教説を具体化しているのであり、いかにして真なる洞察は獲得されるかを説明するものなのである。この種のことはエンペドクレスにも当てはまるであろう。

この点を越えると、パルメニデスの宇宙論のアウトラインの証言はじれったいほど不十分で、困惑させる。関心は持たれるが十分説明されていないもうひとりの登場人物は「すべてのものを操る」と言われている女神である。彼女は明らかに彼女が創り出した愛の力によって「忌まわしい出産と交わりを始める」。この登場人物については、エンペドクレスの愛と争いとの関係の中で考えるのが適当であろう。天文学と生物学の特殊分野におけるパルメニデスの考えについては第4章で簡単に論じた。

II　エンペドクレス

エンペドクレスの宇宙体系は古代において他のいずれのプレソクラティクスのそれより議論され、引用された。アリストテレスはかなりの紙面を取ってそれを検討し、批判しているし、ストア学徒も新プラトン学徒もそれに関心を持ちつづけていた。エンペドクレスの詩は古代末期まで生き残り、文学作品として幾分の名声を享受したのである。その結果、断片の収集は大きいものになった。

エンペドクレスは、まず最初に、あるものは生成することも消滅することもありえないというエレア派のテーゼを受け入れる。その結果、彼は一切の変化をパルメニデスがしたように永遠に存続する「元素」の再配列に還元する。エンペドクレスにとって、それは四つある。土、水、空気、火の、たぶんすでにヘラクレイトスによって使用されていた「古典的」な四つ揃いである。

四元素と並んでエンペドクレスはさらに愛と争いと名づけられた二つの原理を導入した。それらもまた永遠である。それらは空間の内にあると想定されている。しかし、それらはどのような知覚可能な自前の性質も持たず、四元素の直近の部分に及ぼすその効果によってのみ探知されるものであるように思われる。これらの効果がどのようなものであるかの概念形成が体系全体の理解にとって本質的である。

この時代の医学思想における「クラシス」概念、あるいは「正しく配合された混合」の概念の重要さは第4章において述べられた。第4章はまたアルクマイオン、パルメニデス、エンペドクレスの間に彼らの医学的、生物学的研究において何がしかの関心の交流があったことを示した。パルメニデスはクラシスという語を断片（断片16）中で思考のフィジカルな基礎について使っており、エンペドクレスもアルクマイオンもその概念を採用して医術と政治の間に暗黙的な類比関係を想定している。クラシスにおいて異種の成分はそれぞれそれ自身の固有の性質と周辺に働きかけるそれ独自の仕方を保持したまま一緒になり、それらの私的な性質や行動様式が消し去られるというような仕方で融合されるのであり、そしてひとつの同形の合成物が（たぶんまったく異なる）それ自身の性質と効果を伴って形成されるのである。このことが化学的に可能である事実はもちろん冶金術から知られていた。冶金術はまた成分の固有の配合の必然性も示していた。有機的体系への適用は前五世紀の西ギリシアのアイデアであるように思われる。生物においてもまた、異種の構成素がそれ自身の生命を持つひとつの単一体に統合され、それら構成素の私的な傾向性を乗り越えて行く。このいくつかはヘラクレイトスのハルモニエーの中にある。しかしヘラクレイトスが機械論的な例を選び、有機的なそれを選んでいないのは意味深長である。

エンペドクレスにとって、事物における愛の存在の第一義的な効果はクラシスの形成と維持である。

逆に、争いは何よりもクラシスを互いに敵対し合う構成素へと分解するパワーである。このことをはっきりと把握することが重要である。さもなければ、宇宙体系は理解できないものになる。化学的合成や有機的体系や社会関係の中で二つのパワーがこういった仕方で作用し合っているのである。社会関係で言えば、家族やより大きいコミュニティーが私的な関心が公共の善に従属する多かれ少なかれ成功したクラシスの例である。

しかし、二つの力は単に局所的に広がるのみでない。エンペドクレスはコスモス全体における愛と争いの交互支配の時期について語っている。このことが示唆するのは、愛のもとにおいてはコスモス全体が巨大なクラシス〔混合〕であるということである。そして、事実、そうなっているのである。愛の完全支配のもとにおいては、一切の元素はコスモス全体にわたって統一的に融合され、神的な球を形成する。この神は思惟以外には何も行わないひとつの純粋精神であり、明らかにパルメニデスの「あるもの」の子孫である。もうひとつの極においては、元素は互いにどのようなクラシス〔混合〕も形成しない。このことが意味するのは、すべてが互いに戦争状態にあるということである。しかし、それは必ずしもそれらがコスモスの別のエリアに空間的に切り離されることを意味するものではない。これらの極の間に、一定の時間つづくにしろ、一瞬間のことでしかないにしろ、愛が進み出てきて争いが後退し、またその逆のことが起こる時期があるのである。

われわれが今現に見ている世界は、明らかに、トータルなクラシス〔混合〕の状態にある世界ではない。他方には、動物、植物、化学的合成、人間社会といった局所的なクラシスの数多くの例がある。われわれが生きているのが愛の時期と争いの時期の入り混じった時期であることは明らかである。

事実エンペドクレスは彼が生きていた時代は争いが増大しつつあると信じていた。

この簡単な素描は多くの疑問を答えないままにしている。争いの完全支配の時を除けば（争いの支配が完全に完成されるということはまずない）、コスモスは、全体としては、常に有機的な体系であるとエンペドクレスは考えていたということを悟ることが重要である。ここで彼の念頭にあるアナロジー（断片20）は人間のライフ・ヒストリーのそれである。人間は精液の混合から始まり、胎児や少年期の発達段階を経て着実に分節化され、各部分が調整されて最後に成熟の頂点に達する。そしてそこから身体的、精神的に下降線をたどり始め、遂にはもはやひとつの単一体としては機能しえなくなり、死ぬのである。もしこのアナロジーを当てはめてよいとするなら、コスモスそのものが、トータルな争いの時期を除いて、精神を持たねばならない。そして動物の身体がその構成部分においてそうなされているのと同じように、組織化されていなければならない。この想定に矛盾するものは証言の中にはない。むしろいくつかの証言は間接的にそれを支持している。というのは、「あらゆるものが思惟を分け持つ」というのが、疑いもなく、エンペドクレスの信念だったからである（断片110）。コスモスと人間の身体間のアナロジーは一風変わった小品『七について』（Περὶ ἑβδομάδων）の中にも出ている。この作品はエンペドクレスよりそれほど後のものではない。それはパルメニデスの宇宙論として知られているものといくつかの接点を示しているのである。

愛と争いの行動様式は機械論的か心理学的かと問うのは誤りであろう。それは一定不変であって、一片の元素の近くに愛と争いが存在するというただそれだけで適切な仕方でそれを応答させるに十分であるように思われるという意味では、機械論的である。あらゆるものがある種の意識を持ち、事物はあたかも争いが第一次的に意識の上に働きかけているかのように争いの刺激によって働くと言われているという意味では、心理学的である。パルメニデスの女神と彼女の助手の愛も同じような仕方で働いていたのかも知れない。

エンペドクレスのコスモスにおけるもうひとつの動力因、争いと愛の両者から独立しているように思われるそれは、似たものの相互引力の原理、あるいは「同じものは同じものに」という原理である。「同じ羽毛の鳥は相寄る」（類は類を呼ぶ）というのはすでにホメロスに出てくる諺であり、宇宙生成論へのその適用はすでにアナクシマンドロスの「反対のもの」の集まりの中に見出される。しかしながら、そこではそれはなお機械論的な原因に還元されるかも知れない。エンペドクレスにおいては、それは、疑いもなく、そういったものではないのであって、愛や争いと異なり、「同じものは同じものに」は遠距離間の作用を意味し、感覚ある存在という語を除外しては説明することが難しい「宇宙的共感」を示唆するように思われる。この語はエンペドクレスには可能である。

愛と争いの交互支配はそれ以上の説明を許さない宇宙の固定法として論じられている。パルメニデス自身の宇宙論のように、エンペドクレスの宇宙論もパルメニデスの「真理の道」の具体化を許すために設計されているように思われる。というのは、変化や多岐性は争いによってのみコスモス内に導入されるのだからである。知覚は同じものが同じものによってである。したがって、それ自身の内に何らの争いも有さない精神はそれ自身完全に機能するのみならず、コスモスを争いから自由なもの、愛の支配の下にあるものとして知覚するであろう。換言すれば、「あるもの」と同じ思惟する単一体として知覚するであろう。

パルメニデスの宇宙論とエンペドクレスの宇宙論はそれゆえきわめて近いのである。第4章で言及された彼らの関心事と同様である。彼らのコスモスは機械論のそれではなく、感覚する有機体のそれである。生物学的な考え方やアナロジーがいたるところに見られる。それはあたかもパルメニデスの「真理の道」に一縷の可能性を残す望みでもあるかのように。

III　アナクサゴラス

アナクサゴラスはイオニアの小ポリス、クラゾメナイの生まれであった。彼は前五世紀の初頭にペルシアの支配下にあったクラゾメナイに生まれた。前四八〇年に彼はアテナイにやってきた。たぶんクセルクセスの軍隊の徴用兵としてであろう。そしてペルシアが敗退した後、アテナイに住み着き、およそ五〇年間アテナイで暮らしたように思われる。ある時、たぶん前四三〇年頃、彼は不敬罪によって告発された。告発の理由のひとつは、彼が太陽は灼熱した大きな岩であると述べたというものであった。たぶんこの告発の結果として彼はランプサコスに退き、そこで死んだ。告発は政治的な動機によるものであったかも知れない。というのは、アナクサゴラスは政治家ペリクレスの友人だったからである。

アナクサゴラスの宇宙生成論は多くの点でアナクシマンドロスのそれに似ている。コスモスは旋回運動によって生み出され、旋回運動が反対のものの分離を引き起こす。その他のものについては、原初の際限のない無限定な混合からであり、全能の知的な神の仲介による。細部の多くの点もまたミレトスの哲学者から借用されている。アナクサゴラスは明らかにミレトスの観念体系を改作しているのである。

このことは、それまでに生まれた新しいアイデアに照らして、混乱していると思われるものを明瞭化し、間違っていると思われるものを改め、欠けていると思われるものを補うことを含む。この改作の過程はいくつかの細部において跡づけることができる。

エンペドクレスと同様、アナクサゴラスは、何ものも生成してくることはないし、また消滅して行くこともないというテーゼを無条件で受け入れる。それゆえ、生成や消滅の見かけ上の事例は実際には事物の究極の変化することのない構成素の再配列でしかないと説明される。この公理はコントロールする神と原初の混合と立ち現われてくるコスモスの関係が、ミレトスの哲学者たちのそれのように、アナクシメネスですらそうであったように、曖昧であることを不可能にした。アナクサゴラスは、コントロールする神をコスモスと原初の混合における構成素から絶対的に異なるものとすることによって、ミレトス派の図式との関係をきっぱりと絶った。すでにエンペドクレスが、愛と争いを四元素とは絶対的に異なるものとすることによって、同じことをしていた。

アナクサゴラス体系のいくつかの特徴点は多に対するエレア派の議論を回避したいという想いから出ているように思われる。パルメニデスは、どのような二物もそれらが異なる物であるためにはある第三の物によって分離され、区別されねばならないと論じた（第5章参照）。ゼノンはこのテーゼを受け入れ、無限進行を引き出した。そして、その議論をひっくり返して、どのような空間的な延長物も無限に分割可能でなければならない、したがってそれはひとつの単一体ではなく、無限の集合でなければならないと主張した。アナクサゴラスは観察される世界の多様性を説明するためにごく自然に事物の多数性を欲した。そうすれば、多数の究極的な構成素がなければならないことになろう。そこで彼はゼノンの推理を受け入れ、無限進行があることを認めたように思われる。アナクサゴラスにとっては、したがって、無限の数の異なる構成素が存在し、それらはどのような二物の間にも常に第三の物があるというように配列されているのである。このことは明らかに以下のことを結果する。（a）究極の構成素にとって大きさの下限は存在しない。（b）どのような量の中にも、それがどれほど小さいものであっても、その内には無限の数の構成素がある。（c）事物間にはどのような明確な境界も存在しない。あるいは、少なくとも人間の感覚によって捉えられるような、どのような境界もない。

　アナクサゴラスが実際にこのように推理し、これらの結論を引き出したことは信頼できる証言によって強く示唆されている。究極の構成素は「数においても小ささにおいても無限であった。小さいということも無限だったからである」（断片1）というように述べられている。このことは断片3において再度確認される。「なぜなら、小ささについて、最小といったものはなく、常により小さいものがあるからであり（というのは、あるものがあらぬものになることはありえないから）、また大きさについても、常により大きいものがあるからである。そして大きいものも大きさという点では小さいものに等しいのであり、それぞれのものは自分自身に対して大きくもあれば小さくもある」（断片3）。ここからアナクサゴラスが認めることは、無限の分割可能性ということは長さや量の絶対的な単位といったものが存在しないことを含意し、したがって「大きい」とか「小さい」といった語は相対的でしかないということである。

　次のステップは、等しく筋は通っているが、なお一層驚きである。物は無限に小さくありえるから、そして人間は大きさの一定の限界以下においては物を知覚することができないから、明らかに多くの物の構造がわれわれの直接的な観察を逃れているに違いない。知覚の可能性の限界の下に多様性の大きな貯蔵があるかも知れない。したがって変化の可能性の大きな貯蔵があるかも知れない。アナクサゴラスが悟ったように、化学的、有機的過程の考察がこのことを確認している。しかし彼は、たぶんゼノンの「物の究極的な構成素は他の物の無限の密な系列を生み出すことなくしてはそれらの間にどのような境界も持つことはできない」という観念を使って、さらにそれ以上に進んで行った。アナクサゴラスは一種の「最大多様性の原理」を提唱し、これを「あらゆるものの内にあらゆるものの部分がある」という語で表現したのである。この語は彼の注釈家たちにさまざまな困難をもたらした。

対称性は両方の「あらゆるもの」が同じ意味であることを要求する。もしそうなら、「あらゆるもの」は「あらゆる個々の事物」であることはできない。というのは、「あのテーブルの内にこの椅子がある」というのは意味をなさないからである。最も自然な道筋は、それゆえ、「あらゆるもの」は「あらゆる種類のもの」を意味すると想定することである。ここで問題になっている「種類」は金とか肉とか水とか塩といったものである。――「金」とか「肉」といった語のそれぞれによって名指しされているものが何であるかは関係ない。この類のものに対してアリストテレスは専門的な名称の必要さを感じ、「ホモイオメレイア」(同質素)という語を使った。しかしアナクサゴラスがこの語や、あるいは他の語を同じ意味で使ったことを示唆するものは何もない。これに対して一般に同意された近代語は存在しないから、「素材」という語を、何ら哲学的な連想を持たないで、使うのがよいのではないか。素材は、類似しない諸部分の内部構造という観念に頼らないで、世界の諸相を分類分けする時に現われる存在である。アナクサゴラスは素材の中に「熱い」、「冷たい」といったようなものも含めた。それらは現在では素材とは考えられていないものである。そして必ずしも明らかでない理由から、土、水、空気、火は除外した。一方、精神（ヌース）は特別な位置を持つ。しかし、これらの資格を与えるなら、「あらゆるものの内にあらゆるものの部分がある」は「あらゆる素材が他のあらゆる素材の部分を含む」ことを意味する。――このことは断片の証言とアリストテレスの証言の組み合わせによって示される。

かかる理論は、先にも言ったように、変化の可能性の無限の貯蔵庫を生み出す。そしてそのことによって、エンペドクレスの四元素説に対してなら持ち出されたかも知れないようなエレア的反論を回避する。エンペドクレスの内には合成についてある種のミステリーが存在している。そこでは愛の影響のもとに元素はそれらの通常の物理的固有性を失い、集合的な特性を獲得する。かくして、エンペドクレスにおいては、元素は一時期「その同一性を失う」ことがありうるのである。アナクサゴラスにとっては、厳格なエレア派にとってと同様、それは可能でない。そこで、どのような新たな固有性が再配列において立ち現われてこようとも、それはそこに以前からずっとあったのでなければならない。「どうして毛ならざるものから毛が、肉ならざるものから肉が生じたのか」（断片10）とアナクサゴラスは、動物の栄養摂取と生殖に言及しつつ、問うている。

しかし、この理論はそういった事実を説明するのに必要とされるものをはるかに越えた多様性を生み出している。この理論はたぶん先に述べたエレア派の議論によって動機づけられたのであろう。このことは「部分」（μοῖραι）を視覚化することの困難性によって示唆されている。ある特定のものXの何らかの塊を考えてみよ。それは他のあらゆるものの「部分」を含む。その時一体何がそれを、他のものというよりは、むしろXの塊とするのであるか。アナクサゴラスはこの問題に当面して、「物はそれが最も多く含むところのそのものである」という「優勢者決定」のルールを提案した。これは説明するのが難しい特定量という観念を導入する。Xのどのような塊の中にもYの「部分」がある。この「部分」は空間的に連続したまとまりとして存在するか、しないかである。しないとするなら、そのときには視覚化はすでに失敗し、量について語るのがいかにして正当化されるか、知るのは難しい。しかし、もしYの「部分」がXの中に空間的に連続するまとまりとして存在するなら、そこにはけだしXの「部分」もあるであろう。そして他のあらゆるものもYのまとまりの中にあり、その結果、われわれは無限背進を始めることになる。このことはXの塊とYの塊の間に明確な境界を引く可能性を破壊する。X、Y、いずれの成分であっても同じである。そして、これはこれでまた無限背進の出発点になったまとまりの観念を破壊する。このために、アナクサゴラスは、エレア的な推論に動かされて、二つの究極の構成素の間の明確な境界という観念を廃止しようと慎重に試みたと推測することが必要であるように思われる。したがって、「部分」は空間的に連続したまとまりと解されてはならないのである。このことは断片によって確認される。「何ものも離れてはありえず、すべてのものがすべてのものの部分を分け持っている。……切り離されることは不可能であり、何ものも自分だけであるものとなることはできない」(断片6)。「あるものがあるものから完全に分離されることも区別されることもないが、精神(ヌース)だけは別である」(断片12)。「コスモスの内にあるものは互いに離れてはありえないし、また斧で切り離すこともできない」(断片8)。かくして、「部分」は直接的に位置を定めることも直接的に計測することもできない相対と考えねばならない。物質的事物の内的構造は、エンペドクレスの場合と同様、本質的にミステリーにとどまっているのである。化学的変化や他の変化におけるものの振る舞いの観察によって間接的な推測はなされうるにしてもである。「分離してくるものの多さは論理（ロゴス）によっても事実によっても知られない」（断片7）。エンペドクレスとアナクサゴラスは彼らに知られていた観察の事実を考慮に入れた物質の極微構造の理論を作ったのである。しかしまたどうしても説明できないものとして多くを残した。

精神（ヌース）の教説も、「部分」のそれのように、形而上学的要求と宇宙論的要求を満足させるために工夫を凝らしたものになっている。精神（ヌース）は明らかにミレトス派の神々の子孫である。それは全能かつ全知であり、コスモス（宇宙）ないしコスモイ（諸宇宙）を計画にしたがって秩序づける。断片のひとつにおいて宗教的な色彩を持った堂々とした散文の形で次のように述べられている。

他のものはすべてあらゆるものの部分を含んでいるが、ヌースは無限で独立しており、何ものとも混じり合っておらず、ひとりそれ単独で存在する。なぜなら、もしそれがそれ単独で存在するのでなく、他の何かと混じり合ったとするなら、ひとつのものと混じり合ってしまったことによってすべてのものの部分を含むことになっていただろうからである。けだし、先のところでわたしが言ったように、すべてのものの中にはすべてのものの部分が存在するからである。そして、それと混じり合ったものがヌースを妨げ、混じり合わないでいた時のようには事物をコントロールすることができなくなっていたであろう。というのも、それはすべての事物のうち、最も微細で最も純粋であり、あらゆるものについてすべての知識を有し、力の点でも最大のものだからである。また生きとし生けるものはすべて、大きいものも小さいものも、ヌースによってコントロールされている。全宇宙の旋回運動はヌースのコントロールする力によって軌道を定められたのであり、最初に旋回運動を与えたのもヌースであった。最初の旋回は小さな領域から始まったが、より大きな領域に広がって行き、さらに一層大きく広がって行くであろう。混じり合ったものも、混合から離れて行ったものも、互いに異なるようになったものも、そのすべてはヌースによって規定されている。存在すべきものも、かつて存在したが今はもはや存在しないものも、現に存在するものも、将来あるであろうものも、それらのすべてはヌースの秩序づけによって配置されている。そして諸星、太陽、月、空気、アイテール、これら混合から分離したものが今現在行っている旋回運動もまたそうである。……（断片12）

この多くは、二、三の明らかな別表現でもってアナクシマンドロスかアナクシメネスによって言われていたかも知れない。最も大きい相違は至高のパワーに対して「ヌース」という名称が選ばれていることである。初期ギリシアにおける「ヌース」ないし「ノース」は人間の周辺世界の知解や判断に対して責任を負う部分を表現する。それは行為の源ではまったくない。ミレトス学徒は宇宙における神的なパワーを身体におけるプシュケー〔魂〕のようなものと考えていた。プシュケー〔魂〕に代えて「ヌース」を用いることによって、アナクサゴラスはそのアナロジーを捨てて別のアナロジーを選んだのである。純粋思惟の領域における精神の創造的、秩序付与的なパワーのそれである。別言すれば、宇宙ないしコスモスあるいはコスモイは神の精神における観念のようなものと考えられており、神が住まう身体ではないのである。

このアナロジーの変化はもちろんそれ以前の思想の発展によって準備されていた。ヘラクレイトスにおいてどこまで神の精神内の設計が世界における実行から区別されるか、語るのは難しい。あるいは、神の精神がどこまで世界から区別されるかを語るのは実に難しい。パルメニデスの議論は、すべての実在は実際には精神でなければならないことを示しているように思われる。あるいは、精神における思惟の対象でなければならないことを示しているように思われる。アナクサゴラスは、それゆえ、神を精神と世界とすることによって、要するに彼の思想を作り出すことによって、ヘラクレイトスの厄介な曖昧さを避け、あるものは何であれ思惟の対象であり、その逆でもあるというエレア的原理を受け取ることができたのである。もうひとつのエレア的議論を収容する試みにおいて、アナクサゴラスが物質の極微構造の理論に追い遣られたことは先に見た。それは物質を人間理性にとって幾分ミステリーなものにした。物質の配列全体は精神によって決定されているという事実が万有の究極的な理解可能性を少なくとも保証したのである。そしてこのことが「すべては精神（ヌース）によって決定された」という事実の強調を説明する。

究極的な理解可能性のみならず、計画全体の究極的な目的性と適合性がアナクサゴラスの言葉によって示唆されている。それは可能な最上のプランであり、神の働きはすべて最善を目指していると彼がはっきりと述べたということは、ありそうに思われる。アナクサゴラスへのプラトンとアリストテレスの関心を刺激したものはこの示唆であった。それにもかかわらず、アナクサゴラスは世界の特定の面は「機械論的な」原因によって説明したという彼らの不満（プラトン『パイドン』97 B - 99 C; アリストテレス『形而上学』985 a 18 - 21）は決定的な点を突いている。管理する精神とコスモスの中に疑いもなく働いている機械論的な原因との間にどのような関係や役割分担があるのかということを断片は説明していないし、プラトンやアリストテレスが言っていることから判断して、どこにも説明されていなかったと推測される。特に、機械論的な原因性は物質の本性に内属する何かと考えられたのか、それゆえ創造されたのではなく、単に精神によって使われたにすぎないものと考えられたのか――もしそうだとするなら、その時には精神の役割はプラトンの『ティマイオス』におけるデミウルゴスのそれと同じようなものとなる――、それとも精神はその計画の一部として「低レベルの物理的法則」を生み出したのか、このいずれであるか明らかでない。最初の方が蓋然性が高いように思われる。というのは、水や火は、「温」と「冷」はもちろんのこと、それらの環境に働きかける内属的な物理的固有性を持っているというのが常に前提だったからである。

もしこれが正しいなら、ヌースは、たぶん開始の時を除いては、どのような特定の時にもコスモスの働きに介在することはない。コスモスの全歴史は初めからヌースによって前もって計画されていたのであり、計画された人間の行動が成功裡に実行されるように進み行くのである。これは変化に対するエレア的な批判の刃を幾分鈍らせる。世界のどのような将来の状態もある意味ですでにヌースの中に存在しているのだからである。

残る面白い問題はヌースと人間（または動物一般）の知的能力の関係の問題である。「人間の内の精神」もヌースと同一視され、他のあらゆる動物もまた「ヌースの一片」を含んでいるとされたとの証言がある。この気持ちよい教説はいくつかの逆説的な帰結を伴う。ヌースは非受動的かつ混じりけのないものであるから、その働きは決して妨げられない。だとすれば、われわれが誤解を招きやすい仕方で「わたしのヌース（知性）」と呼ぶところのものは――それはどんなリアルな意味においても「わたしのもの」ではない――決して誤りを犯さない。したがって全知である。もしこの同じことがわたしに関して真でないとするなら、それはわたしが何らかの意味でヌースがわたしに語ることを十分に受け取らないからであるのでなければならない。――しかしわたしのヌース以外のどんなわたしの部分がこれを受け取ることができると言うのであろうか。この難問を切り抜ける唯一の方法は、ヌースのそれぞれの部分は全体としてのヌースのようにではなく、ライプニッツのモナドのように特定の観点から世界を映すという仕方で働くと想定することであるように思われる。

いずれにせよ、ヌースが善や実在の基準であるから、「最上の人間」というのは最も完全に知的であるような人間であり、感覚や行為の世界から最も離れた人間であることになろう。この点に関するいくつかの確認はアリストテレスが語っている逸話によって与えられる（DK 59 A 30）。それによれば、アナクサゴラスは、最も幸福な人というのは普通の人には奇人のように見える人であり、人間として存在することを存在しないことより望ましいものにしているのは宇宙を観察する可能性だと言ったとのことである。

アナクサゴラスの体系の最も特徴的な点について説明した。彼の宇宙生成論と宇宙論の細部はあまり関心の持てるものではない。また世界のメカニズムに関しても、ミレトスの哲学者たちがすでに持っていた以上の洞察はいずれの証言も示していない。シケリアの歴史家ディオドロスによって中継されたアナクサゴラスに由来すると思われる人間の歴史と進歩の説明が、ここでもアナクサゴラスは初期の（ミレトスの）アイデアを人類とその起源の諸特徴への強い関心（それは彼の時代の特徴であった）をもって改作したことを示唆している。

アナクサゴラスは感受性の鋭い精神を持っていた。また多産であったが、分析的ではなかった。彼がエレア派の議論に面と向かって対処したことはない。しかし彼はその最も危険な批判から少なくとも宇宙論を守るであろうひとつの体系を作り出そうと試みたのである。彼の解決は、彼の若年の同時代人アポロニアのディオゲネスのそれのような体系に比して、本質的に関心の持てるものでありつづけている。アポロニアのディオゲネスは、宇宙論と生理学の細かい点を除けば、独自の思想を生み出したようには思えない。その哲学的意識の一般的水準はアナクシメネスの時代のそれを示しており、アナクサゴラスやソピストのそれではない。

IV　原子論者たち：レウキッポスとデモクリトス

レウキッポスの生涯についてはほとんど知られていない。デモクリトスのそれについても信頼に足る情報はほとんどない。両者はエーゲ海北岸の小ポリス、アブデラの市民であった。アブデラは、エレアと同様、イオニアからの亡命者によって建設されたポリスである。デモクリトスの方がたぶん若年であって、ソクラテスと同様、前四七〇年頃に生まれ、前四世紀のかなりまで生きつづけた。

レウキッポスとデモクリトスは原子論に対して責めを負うべき人たちである。彼らはソクラテスの同時代人であったが、彼らの思弁は伝統的かつ正当に「プレソクラティクス」の項目のもとに分類されてきた。というのは、原子論はミレトス派と共に始まった自然学的思弁の最後の、かつ最も偉大な独創的成果だからである。レウキッポスとデモクリトスがそれぞれその創造においてどのような役割を担ったかは明らかにすることができない。しかしその理論の当初の発想はレウキッポスによるものであり、デモクリトス（彼はより多作で多面性を持った思想家である一方、オリジナルという点では劣る思想家である）はそれをより広汎な細部に適用したように思われる。二人の見解は異なっていたとする二、三の非本質的な指摘がある。しかし、いずれの基礎的な問題に関しても、不一致を証明することはできない。

　原子論者たちの出発点は、アナクサゴラスの場合と同様、有効と考えられる限りでのエレア的議論と知覚可能な世界を説明する宇宙論の構成を調停する方法を見出そうとする努力であった。しかし、一方アナクサゴラスは定まった単位を想定しない多数性を生み出そうと試みたが、原子論者たちは、どのようなものが存在するにせよ、それには議論の余地のない絶対的な単位が必要であることをきわめて真剣に受け取った。それゆえ彼らは二つの点でパルメニデスやゼノンと衝突した。

　ゼノンは、存在する二つのものはそれらの間にそれ自身存在しなければならない第三のものによってのみ二つの単位に区別されることができる、したがってそこから無限前進ということが起こってくると論じた。このためにレウキッポスは、アリストテレス（『生成消滅論』325 a 23 - 9;『形而上学』985 b 4 - 10）によれば、思い切った一歩を踏み出した。すなわち、彼は世界の説明要因として「あらぬもの」（τὸ μὴ ὄν）を導入することを提案したのである。そして、それもまたある意味で存在していると主張した（と思われる）。アリストテレスが述べているように、レウキッポスの提案ははなはだ自己矛盾的であるために理解しにくい。しかしアリストテレスは誤解したと考えるべき理由がある。というのは、デモクリトスによる別の所見が言うところは、「非存在も存在と同じように存在する」ということではなく、「あらぬものもものと同じように存在する」ということだからである。ここで「あらぬもの」と訳されている語は τὸ μηδέν であり、「何ものでもないもの」である。そして「もの」と訳されているのは τὸ δέν である。δέν というのは臨時語であり、否定の接頭語 μη を取り払うことによって μηδέν から形成されている。この言語的ジョークの要点は、τὸ μηδέν はアリストテレスが誤って取ったように「非存在」の相当語と取られてはならないということである。なぜなら、τὸ μηδέν でないものは、τὸ ὄν ではなく、τὸ δέν だからである。デモクリトスが指摘していると思われるのは、「何ものでもないもの」ということは何らかの「もの」と同じくらい実在的であるということ、しかしあるひとつの「もの」でないという点で、あるいは人が言うかも知れないように、個々の、あるいは言及の第一の対象でないという点で、異なるということである。もっともこのように言うのは、その当時使われていたより高度なレベルの言語表現を持ち込むことであるが。この区別がどうしてゼノンに対する回答の助けとなるのか。もし「もの」が「何ものでもないもの」によって分離されるなら、「何ものでもないもの」を何らかの「もの」から分離し、区別するものは何か。原子論者たちがこの問題に回答したことを、あるいは回答したであろうことを示唆する報告はない。しかし、彼らの立場に整合する形で彼らはひとつだけなるほどと思わせる答えを持っていたように思われる。質的に「何ものでもないもの」はどのような「もの」からも単に「ものであること」を欠くことによって区別される。それが含意するすべてのものを伴ったひとつの個物でないということによって区別される。空間的に「何ものでもないもの」を何らかの「もの」から分けるのに必要とされるような存在者がそれ以上あるわけではない。というのは、境界がなければならないにしても、これは完全に「もの」の部分であることができるからである。空間の位相学に関するこの種の問題は後にアリストテレスによって論じられた。しかし、原子論者たちがその議論に何らかの貢献をしたという示唆をアリストテレスが与えているわけではないということは認めねばならない。デモクリトスがこれらの問題に関心を持っていたことを示す指示は、後世の著作家によって保存されたデモクリトスの難問から得られる（DK 68 B 155）。その語るところはこうである。ひとつの線上に互いに「隣り合う」二つの点が、何らの介在する点もなく、あると仮定せよ。それから正円錐がその底面に平行で軸が底面に接するところの点の「すぐ上に」ある軸上の点を通っている面によって切られているとせよ。切面の円は底面より小さいであろうか、それとも等しいであろうか。〔訳注〕いずれの答えも明らかに線上の二つの点がこの仕方では互いに「隣り合う」ことができないことを示す不合理な結果に導く。デモクリトスがこのようなことを論じていたというのは面白い。なぜなら、線上の点の密度は、ゼノンに対して示唆された答えにとっても、決定的だからである。もし線上の点が密度を持っていないということであったなら、何が「もの」における最後の点を「何ものでもないもの」における最初の点から分けるのかと人は問うことができよう。もっともらしい答えは存在しないであろう。

　ひとたび「何ものでもないもの」が認められるや、それは二つの役割を演じることができた。「何ものでもないもの」は「もの」を互いに分離し、そのようにして複数性を可能にした。そして、それはまた物による場所の変化を許容し、そのようにして単位物の再配列に還元されえたあらゆる変化を可能にした。「何ものでもないもの」はそれゆえ「空虚な空間」、「空虚」の役目を果たしたのである。資料はそれを通常「空虚」（τὸ κενόν）と呼んでいる。初めて純粋に受動的な空の空間というよく考えられた概念が提唱されたのである。もっともアリストテレスがその見解について語っているミステリアスな「ピュタゴラスの徒」が原子論者以前に単位を分離する空虚という観念に思い当たっていたかも知れない（第4章参照）。古代においてはアリストテレスの権威によって、そして近代においては多くの影響力のある思想家によって非難されてきたが、純粋に受動的な空間という観念はその後も生きつづけ、物理学に不可欠な概念となった。したがって原子論者たちによるその導入は画期的な事件だったのである。

ここで言う「もの」、「何ものでもないもの」の内を動き回り、「何ものでもないもの」によって分離される「もの」というのは明らかに「単位」である。かくして、それらの各々は創造されざるもの、滅びざるものであり、また分割されることはできない。「アトモン」（原子）という名はここからきている。すなわち「分割されざるもの」である。各原子は実際パルメニデスの「あるもの」の多くの固有性の相続人であった。しかしすべてではない。明らかに原子は空間の中にあり、何らかの形を有していたかも知れないのである。

アリストテレスの時代以来、原子は物理的に不可分であるのと同じように数学的ないし理論的にも不可分かどうかという問題に関して、いくらかの混乱があった。問題は次のように立てられる。原子は空間的に延長しており、それらが連結することを可能にするさまざまな形を有すると考えられていたことは多くの証言から明らかである。そしてまた、それらの嵩《かさ》に比例して重さを有するとも考えられてきた。原子は大きさにおいて異なることができる。（後の）証言のひとつによれば、デモクリトスは彼の原子に大きさの上限を設けなかった。証言のすべてが完全に信頼できるわけではない。いくつかの矛盾もあるし、また学説誌の伝承がエピクロス派の作家の誤った表現によって影響されたという疑いもある。それでもなお原子は空間的に延長しており、三次元の客体であることは明らかである。そのような客体はどのようなものも二つないしそれ以上の空間的に分離した異なる三次元の領域に常に区分することができるという意味において、少なくともゼノンが指摘したように思考の中で区分することができるという意味において、「理論的」に分割しうると言うことができる。すなわち、もし人が空間の場所的な位相的構造についての通常の観念を受け入れるなら、特にユークリッド幾何学の内に秘められたあの構造についての仮説を受け入れるならば、このことは可能である。

したがって原子論者たちはジレンマの中にいたのである。彼らは原子が「理論的」に可分であることを否定しなければならなかったか（このことは、これはこれでまた空間の通常の観念をひっくり返すことを意味するか、原子に大きさや形を拒否することを意味するかである）、あるいは「理論的」な可分性を許容し、そのことによって「理論的」に可分であれば真の単位であることをやめたのであり、無限に多くの下位単位を含むことになるというゼノンの議論に抵触しなければならなかったかである。原子が大きさを持っていたということは明らかであり、原子論者たちによっては空間の通常の観念に何らの変更もなされなかったことはほぼ確かであるから、原子は「理論的」に可分であったに違いないということになると思われる。問題は、最も資格のある証言者であることが期待されるアリストテレスが、原子は「理論的」に可分でなかったことを意味するように思われる仕方で語っていることである。アリストテレスは、しかしながら、「理論的可分性」と「物理的可分性」の関係に関する彼独自の理論を持っていた。彼は彼の私的な仮説が原子論者について与えたその説明を彩ることを予防しなかったということであろう。学説誌の証言は自己矛盾しており、疑わしい価値しか持たない。

それゆえ原子論者たちは、一方で物理的な可分性は否定しながらも、「理論的」な可分性は認めていたと想定しなければならない。空間と変化に関するゼノンによって発見された問題はもちろん今なお残っており、原子論者たちがそれをどのように扱うことを提案したかは知られていない。

原子は、したがって、空間的に延長しているが、物理的に不可分である。原子はまた数において無限であり、形、大きさ、内的構造において変化しない。それらは限りのない空虚の中を永遠に運動している。原子論者たちは今や、世界の観察される構造と個人的経験の内容に対して、これらの経済的基礎に基づいて説明を行う仕事を持ったのである。

原子が運ばれる仕方について問うことから始めるのが自然である。証言は矛盾しており、エピクロス派の出典による巧妙な歪曲があったかも知れない。アリストテレスが、それが彼自身の証言である限り、最も信頼すべき証言者である。原子は本性的な運動傾向といったものは持たず、（エピクロスの宇宙のような）絶対的な「上」とか「下」といったものもなく、空虚はあらゆる点で均斉的であることをアリストテレスの証言（DK 68 A 37）は語っているように思われる。したがって、原子は他の原子の衝突によって押し出されるという理由によってのみ運動するのである。原子はその大きさに比例して重さを持つと言われている。重さは衝突に対する抵抗ということによって説明されるであろう。原子は、妨げがなければそのまま運動しつづけるのか、それとも次第に休止に向かうのかは明らかでない。

コスモス内においては別の力学的原理が適用されると考えられた。その正当化が原子の衝突によるのかは明らかでない。より重い原子は軽い原子よりもさらに中心の方に引っぱられ、また同じ大きさと形の原子は一緒に集まる傾向があるとされた。デモクリトスはこの原理の証拠として海岸で異なる形の小石どうしが並ぶアナロジーに訴えている〔断片164〕。この種のアナロジーが原子と空虚から諸コスモスを創造するのに要請される段階のいくつかをもっともらしくするために原子論者たちによって提供された最大のものであったようだ。彼らが力学の体系的な扱いに対して何らかの実際的な進歩を果たしたという兆候はなく、数学的なそれに対してはなおさらない。

したがって、コスモスの創出と働きを説明するために原子論者たちによって使用された宇宙論的装置はプレソクラティクスの伝統の中で十分に確立されていたそれとそれほど異ならないのである。それらは新しい形而上学的基礎の上に人工的に貼り付けられたという印象を与える。コスモスのフォーメーションは大まかには以下のごとくである。比較的混み合った空間の中で同じ階層の大きさの原子が偶然かつ突然凝集し、旋回運動を生じさせる。このことは観察される事実からの類推によって支えられていたのであろう。すなわち、大きな器から水が狭い通路を通って流れ出るとき、水の中に渦が形成されるのが観察されるのである。次に必要とされるのは原子を宇宙の残り部分から閉じ込める方法である。これは繋がり合った原子のフェンス〔壁〕のランダムな運動によってフォーメーションを支えることによってなされた。この段階に味方して一種の「自然の選択」が働いていると少なくとも言われうる。ひとたび原子が繋がり合うや、それは、外部から特別強い向かい風がない限り、繋がったままにとどまるであろう。フェンスは一旦存在するや、それ自身を延ばしていく傾向性を持つことを、そしてどのようなコスモスの中に閉じ込められた原子もすべて多かれ少なかれ同じ大きさであることを、「同じものは同じものに」の原理が保証するであろう。この「同じものは同じものに」は知覚の理論にとっても重要ポイントである。
ひとたび旋回が始まるや、宇宙生成はお馴染みのラインにそって進行する。重さによる分離の過程によって四つの元素——これは分子の四つの特定の本性と定まった性質によって説明された——が創造され、通常の配列に区分される。そしてその後の過程は伝統的なやり方で機能分化された。無数の数のコスモスが空虚の異なる部分に同時に存在するという可能性もまた伝統的であった。コスモスは最後には外部からの極度の圧力によって崩壊するが、それが残した廃墟がしばしば新しいコスモスのために素材を供給するという考えは、たぶん新しいものであった。

ある点で原子論者たちの体系は革命的であった。彼らの先行者たちはすべて、はっきりとそう言っているのであれ、暗黙的であれ、宇宙の理解可能性と合理性は究極的には神的なパワーにそれがしたがっているということに依っており、そしてその神的パワーはある意味で意識と知性を有していると主張していた。確かに最初期の哲学者たちは神的存在の本性と目的について多くを語らなかった。ヘラクレイトスとアナクサゴラスはより多く語った。パルメニデスにおいてさえ「あるもの」は時間を超越した統一的思考である。同じことが、いくつかの制限を付して、エンペドクレスの「愛の球体」にとっても真である。球体が間欠的にしか存在しないことは真である。しかしながら、「あらゆるものが思考を有し、知性を分け持っているがゆえに」、それは可能的には常に物質のさまざまな分子の散在する思考の内に存在しているのである。原子論者たちは、あらゆる心的要素を究極の構成素のリストから外すことによって、この伝統全体に背を向けたのである。これは注目すべき一歩であり、より綿密に調べてみなければばならない。

あらゆるものを原子と空虚に還元することそれ自体が究極の「心的」構成素の否定を意味するわけではない。というのは、各原子は精神であると想定することも可能だったであろうからである。ライプニッツのモナドがそのことを示している。しかし、そういった精神は時間を越えたものでなければならないであろう。原子の内的構造が時間の中で変化することは許されないからである。それゆえ、精神としては、宇宙における出来事の決定において何の役割も演ずることができなかったであろう。原子論者たちの理論の内的論理は、それゆえ、まっすぐ次のような結論に導く。すなわち、通常の経験において知られているような意識や知覚は、それ自身は意識する能力も知覚する能力もない構成素の状態と再配列によって完全に決定され説明される付帯現象であるという結論である。(デモクリトスが知覚性質は「慣わしによって」のみ存在すると言わねばならなかったのはこのためである。第6章参照。)したがって、宇宙の全歴史は原子の衝突と反発を支配する法則に内属する「意味を欠いた」必然性によって決定されてきたということになる。換言すれば、よいものに向かうどのような固有の傾向性も、あるいは意識ある存在者としてそういった偶然的な副産物を望んだり要求したりするどのような関心も欠いた力によって決定されてきたということになる。デモクリトスは「神々」は存在するかも知れないと譲歩した。しかし「神々」によって彼が意味したものは、人間より大きさ、美しさ、強さ、知性、そして道徳的卓越性において顕著に優れているが、それでもやはり創造された可滅的な意識的存在でしかなかったのである。

ミレトスの伝統の最後にして最大の継承者は、それゆえ、最初の明白な唯物論者であった。このことから唯物論が伝統の中にずっと存在していたと結論するのは誤りであろう。アナクサゴラスの体系は同様に可能なもうひとつの発展系を示している。しかしながら、これらの系譜はいずれも長い間それ以上取り上げられることはなかった。ソピストの時代は宇宙論の伝統全体をひそかに傷つけた。そして前四世紀に宇宙論的な考えが再び議論され始めたとき、支配的精神は、哲学的論争の炎によって形づくられて、それらに違った傾向を与え、それらを他の考察のもとに従属させたのである。

〔訳注〕少し分かりにくいのでDK 68 B 155のプルタルコスからの引用を以下にそのまま掲載しておく。プルタルコス（『ストア派の共通観念について』39 p. 1079 E）

ではさらに、彼〔クリュシッポス〕がどのようにデモクリトスに答えたか見てみたまえ。デモクリトスは次のように自然学的な仕方で的確に問題を提起している。「円錐が底面に平行な面で切られた場合、切られた〔二つの〕平面はどのように考えるべきであろうか。等しくなるであろうか、それとも等しくなくなるであろうか。等しくないとするなら、円錐は多くの階段状の切り込みとギザギザを得ることとなり、一様でない様相を呈することになろうし、他方、もし等しいなら、切り口も等しくなるであろう。したがって等しくない円からではなく、等しい円からなることとなり、円錐は円柱の様相を呈することになるが、これはきわめて不合理である。」

第8章　結　び——プレソクラティクスの研究

これまでの章で述べてきたところから、プレソクラティクスの研究においては証言の取り扱いが特に重要であることが理解されるであろう。そこからこれらの哲学者たちについて知識が引き出される現在利用可能な出典は、現在まで保存されてきたあれら古典著作に見られるような彼らの思想についての説明や彼らの著書からの引用から成り立っている。この書が係わるより重要な人物の（トゥキュディデスを除いて）誰ひとりとして、完全なテキストの現存のみが可能ならしめるような直接性と十全性をもってわたしたちに知られることはできない。代わりに、オリジナルな著作からの散在する断片を見ることが必要となる。それらは通常文脈の指示なしに引用されたものであり、あれらの著作内容の二次的、三次的、ないしは四次的な孫引きでしかないのである。それらはそれぞれ無意識の、あるいは故意の歪曲を引き起こした無数の影響を被ってきた。

こういった事情にある以上、プレソクラティクスの紹介は、主要な出典とそれらに結びついた問題のいくつかの素描なしには、完全とはなりえない。この章の目的はそのような素描を与えることである。

第6章において、ソピストのエリスのヒッピアスが思想史に手を染めたことが知られている最初の人物であることが述べられた。この分野における彼の活動の痕跡はほとんど残っていない。そういった研究が本格的に始まったのはようやく前四世紀になってからである。すなわちプラトンとアリストテレスの学校においてそれは始まった。

ソクラテスの弟子にしてクラチュロスの仲間であるプラトンは初めから宇宙論の可能性と価値について懐疑的であった。そして、彼自身の考えが発展するにつれて、それらは彼を世界の探究からますます遠ざからせた。世界はプラトンにとっては感覚に現れているものでしかなくなったのである。しかしそれでも数学的真理によって統治された彼の宇宙観は彼に『ティマイオス』を書かせた。この書は前五世紀後半のピュタゴラス派に多くを負っており、また一般に「西ギリシア」の宇宙論、生物学、医学の伝統に負っている。しかし一般にプラトンは、彼らを形而上学者として解釈しうる限りにおいてしか、プレソクラティクスに関心を持たなかった。ヘラクレイトスは『クラチュロス』の中に登場しており、パルメニデスとゼノンは特に称賛され、尊敬されている。ある一節（『ソピステス』242 C - 243 A）では、プレソクラティクスはすべて実際には形而上学者であり、彼らは彼らの宇宙論の衣の中に存在論を包み込んだとさえ言われている。この指摘はついでになされたものであり、真剣なものでなかったかも知れない。しかしそれは、洗練化して行く哲学的言語表現がほとんど避けがたく先行する思想史についての見解をどのように歪めるにいたるかを示している。プラトン自身は十分老練であり、また賢明であって、そういったことに流されることはなかった。しかしそれほど批判精神を持ち合わさない彼の弟子の幾人かは、例えばピュタゴラスはプラトンのアカデメイアの学統上に学派を築いたということを証明しようと試みたようである。先生から生徒への直伝によってプレソクラティクスを二ないしはそれ以上の「学派」に整理するのもまた、『ソピステス』の同じ一節に由来することかも知れない。プラトンの権威によって強化されたもうひとつの考えは、エジプトが古代の知のすべての源泉であるということである。この考えはその後それほど遅くない時期に作成された初期の哲学者たちのあまり信用できない『伝記』に反映されている。

われわれにプレソクラティクスについての信頼に足る情報が一定程度残されたのは、他のいかなる人物よりも、アリストテレスのお蔭である。この事実は彼の学問論によって説明される。あらゆる「学」(アリストテレスは、数学、自然学、政治学と同様、哲学のあらゆる部門をこの語のもとに理解した)において、探究の正しい方法は経験において与えられる一定の項目を考慮に入れることであり、そしてこれらの項目はその主題に関する先行する権威の見解を含むというのが、彼の学問論なのである。それゆえ自然学と形而上学を然るべく探究するためには、プレソクラティクスの宇宙論とパルメニデスやゼノンの議論を考慮に入れ、それらを知ることが必要なのである。

このゆえ、アリストテレスの現存する著作はプレソクラティクスについて多くの情報を含むこととなった。直接的に、そして彼の弟子のテオプラストスを通して(テオプラストスについては次に論じる)、彼はこれらの哲学者たちの解釈にひとつの型をはめた。それは、多少の蓋然性をもってある点において不十分ないし誤っていることが示されうるにしても、逐語的な引用を別にすれば、ほとんどすべてのその後の証言がその中に置かれることになった型であるがゆえに、取り替えるのが難しい型である。この型は自然世界についてのアリストテレスの学説に由来する。プレソクラティクスはアリストテレスの学説に向かって手探りしている人々と見なされているのである。可能な場合には彼らの考えはアリストテレスの用語で解釈され、それが明らかに可能でない場合はアリストテレスはそれを「混乱している」として捨てるのである。明瞭な表現という点でプレソクラティクスの哲学がアリストテレスのそれにはるかに及ばないことはもちろん真である。だからと言って、それらが、アリストテレス的とは言えないまでも、重要でなかったということにはならない。事実アリストテレスは思想史におけるあらゆる真摯な試みを危険にさらすような誤りの多くの例を与えているのである。ひとつは解釈における単純な時代錯誤の誤りである。もうひとつは、あたかも件の哲学者たちが「現代思想」という目標に向かって行進して行く訓練された軍隊ででもあるかのような誤った必然性の印象を与えるそれである。そしてさらにもうひとつは哲学的偏見によって不公平かつ無批判的な扱いに委ねられるそれである。

　アリストテレスはこれらの誤りを免れていない。それにもかかわらず、彼は、特定の哲学者について具体的な陳述をするとき、誠実で学究的であった。（彼の一般化はむしろあまり信用できない。）プレソクラティクスに関する彼のコメントは古代から伝わってきた最上の情報であり、最も知的なものである。さらに彼の思想史への関心は彼が彼の弟子たちに割り当てた体系的研究のプログラムの中に「自然研究」（φυσιολογία）史、数学史、天文学史、神学史を含めさせた。これらの分野における彼らの仕事は後には二度と十分には改訂されず、なおさら繰り返されることのなかったものであるが、彼らの著作は古代全体を通じて参照される基本的著作でありつづけたのである。「自然研究」の歴史はテオプラストスの仕事であった。数学、天文学、神学のそれはエウデモスによる。

　テオプラストスは、アリストテレスの枠組みは受け入れたが、心を持たない奴隷ではなかった。彼はプレソクラティクスを注意深く読み、解釈の特定の点においてはアリストテレスに同意しなかった。彼が証言の取り扱いにおいて不誠実であったり、不注意であったことを示すものは何もない。彼の書『自然学者たちの教説』は、感覚と感覚知覚についての見解を扱っている長い断片とシンプリキオスによって引用された二、三の小さい断片を除いて、すべて失われている。しかし後代の学説誌の中でプレソクラティクスについて述べられている大部分は、この書からの直接、間接のコピーでしかないのである。

エウデモスの作品もまた大部分が失われたが、それでも学説誌家たちに影響した。彼はその解釈においてひどい時代錯誤を犯す傾向があり、テオプラストスよりはるかに信頼のおけない歴史家であったのは残念である。そのことは数学と天文学において例示されるし、神学においても疑われる。

後の哲学者たちも、それぞれ異なる仕方においてではあったが、プレソクラティクスに関心を持ちつづけた。ストア学徒たちは幾人かの先行する哲学者たちが彼ら自身の見解と一致する見解を持っていたことを示そうとした。そして特にヘラクレイトスをストア哲学の先行ランナーとして崇めた。ストアによるヘラクレイトス解釈によって多くの混乱が引き起こされたのである。しかしヘラクレイトスの多くの真正断片が今日まで生き残ったことを説明するものは、ストアの広汎な影響だったのである。エピクロス学徒たちは、ただエピクロス主義に対する敵対のありうる源泉としてのみ、プレソクラティクスを扱ったように思われる。プレソクラティクスに対して武装する必要があったのである。もし彼らが伝統に影響を及ぼしたとするなら、それを歪めることによってであった。ソピストに関するいくつかの知識が保存されたのは懐疑主義に転向した哲学者たちのお陰である。最後に新プラトン主義者たちは、ヘラクレイトス、パルメニデス、そしてエンペドクレスの新しい、そして少なくとも部分的には誤導する解釈を編み出した。前四世紀の終わりのテオプラストスから後六世紀の初頭のシンプリキオスにいたるまでの全期間において、プレソクラティクスへの公平で歴史的なアプローチといったものは実際ほとんど存在しない。シンプリキオスは原典に立ち戻り、原典の言葉を引用する重要性を少なくとも認識していた。とりわけプレソクラティクスに関するわれわれの知識への彼の欠くことのできない貢献についてはすでに述べた。

シンプリキオスにつづく何世紀かの内にプレソクラティクスのオリジナルな著作は取り返しのつかないまでに失われた。すでに失われてしまっていたのでないならばである。それ以降はプラトン以前の哲学者たちの研究はその後も生き残った古典の著者たちを介してしか可能でなくなった。すでに言及した作品を別にすれば、知識の最も重要な源泉は折にふれてプレソクラティクスの言葉を引用する他の著者たちであり、特記すべきはプルタルコスとキリスト教教父の二、三の学識ある人たち、クレメンスやヒッポリュトスのような人たちである。プレソクラティクスのテキストの大掛かりな偽造は一度も起こらなかった。(たぶんピュタゴラス学徒のピロラオスの場合を除いて。)したがって断片の真正さに関する疑いはそれほどない。しかし、後代の作家たちによって引用された断片を扱う場合、テキストの問題は残るのであり(短い引用は一般的に記憶によってなされた。それゆえ不正確であった)、とりわけ文脈から切り離された解釈の問題が残る。

近代のプレソクラティクス研究の発端はロマン主義時代のドイツにあった。その時代、単に古典研究が一般にある成熟に達しただけでなく、時代の哲学的醗酵が歴史的悟性の新しい感受性に付け加えられたのである。なかんずくヘーゲルである。彼の観念が一時期思想界を支配したが、彼は明確に形而上学の学生に哲学史を研究するよう指示している。アリストテレス以来誰もしなかったことである。ヘーゲルによれば、「精神」(der Geist) が自らを現すのは思想史におけるその発展を通してのみなのである。ないしは、原則としてそれを通してなのである。そして「精神」が哲学の関心事であるがゆえに、哲学史もまたそうであるとヘーゲルは考えた。

プレソクラティクスの研究史はここでは試みられない。証言の解釈において試みられねばならない種類のバランスを示唆するためにのみ、その起源に言及したまでである。古代ギリシアの言語と文化の正確な知識なしには証言はまったく解釈不能であり、また哲学者を歴史的位置に位置づけることも不可能である。歴史的感受性がなければ、解釈者はその情報源のなすがままになるか、自身の偏見の犠牲になるか、あるいはその両方であろう。そして、ある哲学的動機がなければ、彼は彼の主役たちが何に従事していたのか、なぜ彼らがなしたように彼らは尋ね、推論したのか、生き生きした説明を生み出すことはできないであろう。せいぜい何の関連もない洞察のごった混ぜを生むのみであろう。

この書のこれまでの諸章は読者にプレソクラティクスを紹介することを目的としてきた。そしてまたこのきわめて特殊な研究主題がなぜ人間と宇宙について何らかの一般的な好奇心を持つどのような人にも訴えるのか、また訴えてきたのか、その理由を示すことを目的としてきた。プレソクラティクスが語ったのは、専門家にせよ、アマチュアにせよ、哲学者と科学者である。彼ら自身は厳密な意味では哲学者でも科学者でもなかったが、しかしその労作によってそれまでのきちんとしていなかった思考様式から哲学と科学の両者の誕生をもたらしたのである。前六世紀のイオニア人は、外側からはより古い文明との接触によって刺激され、内側からは政治的、社会的革新によって刺激されて、全能、遍在、永遠、かつ不偏な神の法によって統治されたひとつの宇宙という壮大なヴィジョンを創造した。そして彼らはこのヴィジョンを彼らの見る世界に結びつけようと最善を尽くした。この試みから二つの異なる方向に道が延びて行った。ひとつの道は、この書においてより強調して扱われてきたものであるが、宇宙の統一性を単なる形式以上のものにしようとするアナクシメネスとヘラクレイトスの努力を経て、統一と分離、同一と反対についての原哲学的問題の気づきにいたり、そしてそこからパルメニデスのコペルニクス的転回にいたるものである。もうひとつの道は特定の事物の構造への注意の集中に導くものであり、これらの構造を一定の鍵概念によって完全に説明しようとする試みに通ずるものである。数、形、比、クラシス、あるいは植物と動物、ないし動物とコスモスのそれのようなアナロジーである。この二番目の道は前六世紀初期の大ギリシアの生理学者や宇宙論者のそれであり、やや疑わしくはあるが、ピュタゴラスと彼の学派に結びついている。少なくともこの程度まではプレソクラティクスを「東ギリシア」と「西ギリシア」、「イオニア学派」と「イタリア学派」に分けるヘレニズム風の分類分けが正当化される。すなわち、普遍的な観点と特定方向に向かう観点、グローバルな法とローカルな説明との間にはその後の科学史全体を貫通する恒常的な緊張が存在しているのである。

前五世紀後半は、それに先立つ発展が急激であったため驚くに当たらないが、かなりの混乱の舞台であった。なお宇宙論を真剣に考えていた人々は、ミレトス的なスキームを先ほど述べた二つの道の異なる傾向と調和させる試みをしなければならなかった。そこで、アナクサゴラスと原子論者たちは物質の構造の問題に対して二つの異なる種類の答えを提出した。——それぞれ「連続的」な解答と「分離的」な解答である。彼らの考えは二〇〇〇年以上もの間どのような真の発展も見出さなかった。この時期に哲学的な難問ないし人間本性の研究に専念した人々はもっと重要であった。というのは、彼らの業績そのものはそれほど印象的でないが、彼らは総計としてプラトンとアリストテレスの仕事にとって必要な前提条件となった実り豊かなカオスを創造したからである。

訳者あとがき

本書は Edward Hussey: *The Presocratics*, 1972 London の全訳である。本書の狙いは、著者の言によれば、「読者をギリシアについてのどのような予備知識も前提とせずにおよそ前六〇〇年から前四〇〇年の間の古代ギリシア哲学の歴史に案内することである」とのことであるが、本書は決して初心者向けのギリシア哲学史ないしは初期ギリシア哲学の概説書ではない。著者による初期ギリシア哲学への省察の書である。なぜあの時期の東西のギリシアにおいてプレソクラティクスの哲学は起こったのか、プレソクラティクスとしてカウントされる哲学はそれぞれどのような性格を持っていたのかを著者は問う。ヘシオドスの神統記の生成のメカニズム、クセノパネスによる神観念の革新の初期ギリシア哲学における意味、ミレトスの哲学を生み出すにいたった近東を含む地中海地域におけるギリシア世界の革新の性格とその意味、ピュタゴラス哲学やヘラクレイトスの哲学の「構造」概念への寄与、ピュタゴラス哲学を代表とする西ギリシアの哲学の系譜とその性格、エレア哲学がギリシア哲学に与えた打撃、ソピストとその時代の意味と性格、パルメニデスからデモクリトスにいたる初期ギリシアの宇宙論の系譜とその基本特徴など、初期ギリシア哲学のさまざまな革新とその意味についての著者の幾多の省察を読者は本書に見出すであろう。本書は初期ギリシア哲学の生成のメカニズムと本質について省察を試みるいずれの読者にとっても必ずや示唆するところあると思う。そういう意味において本書もまた近来とみに刊行されるようになった初期ギリシア哲学に関する専門的文献の一冊と言うことができよう。

訳者もまた初期ギリシア哲学の意味について考える者のひとりであるが、著者の省察に教えられるところ多かった。また多くの点において著者の見解に共感する者である。ただ残念な点があるとすれば、それはパルメニデスの解釈に関して著者の考察に本質的な点において混乱が見られるのではないかということである。しかしパルメニデス哲学は欧米の学者には総じて接近不能な謎でしかなかったということこれまでの哲学史が示している事実を勘案するとき、この混乱の責任を著者のみに帰すことは酷であろう。パルメニデスは近・現代の哲学史家たちによって誤解されつづけてきたのである。近来の学者によるパルメニデスの理解史ないしは誤解史については拙著『ギリシア哲学と主観性』(二〇〇五年、法政大学出版局)の第三章「パルメニデス」の4「近代のパルメニデス解釈史ないしは誤解史」を参照いただきたい。

著者のエドワード・ハッセイ教授は現在六八歳。プライズ・フェロー(一九六二年―一九六九年)、リサーチ・フェロー(一九六九年―二〇〇七年)の両期間を併せ、四五年の長きにわたってオックスフォード大学のオールソウルズ・カレッジでフェローとして研究生活を送ってこられたギリシア古典の研究者である。オールソウルズ・カレッジ以前にニュー・カレッジでの数年の研究歴があるとのことなので、半世紀、人生の大半をオックスフォードのカレッジで過ごされた文字通りのオックスフォードの古典学者と言うことができる。二〇〇七年に規定により退職されたが、引き続き現在もオールソウルズで教育・研究に従事されている。他に『アリストテレス「自然学」第Ⅲ巻、第Ⅳ巻、訳と注解』(*Aristotle's Physics: Books III and IV*, Oxford 1983)などの仕事がある。

オールソウルズ・カレッジはイングランド国王ヘンリー六世によって一四三八年に創立されたオック

スフォードの伝統カレッジのひとつであるが、学部学生を採らない大学院大学であるためきわめて静謐な研究環境を維持している。構内は静かというよりはむしろ寂しいくらいで、カレッジ内を歩いていてもほとんど人に出会わない。しかし緑の芝生を敷き詰めたコート、数百年の歴史を刻む石造りの建造物にはいやがうえにもカレッジの伝統と格式と権威を感じずにおれないものがあり、まさにギリシア古典研究の聖地とも言うべき環境である。カレッジでの研究や教授はそれぞれの小部屋でひっそりと行われている。訳者も二〇〇七年のヒラリー学期にオールソウルズで教授のアリストテレスの自然学の講義を聴いたことがあるが、講義に使われていた部屋は半地下の書庫のような薄暗い小部屋、聴講者は訳者ひとりであった。オックスフォードのギリシア古典研究はそのようなひっそりした環境で何百年にもわたってなされてきたのであり、アリストテレス哲学を初めとする古典研究の悠久さを実感させられた次第である。本書もまたそのような環境の中で生まれたオックスフォードの古典研究書の一冊ということができよう。

今回もまた法政大学出版局編集代表の秋田公士氏のお手を煩わせることになった。『パルメニデス』(一九九二年)、『ギリシア哲学と主観性』(二〇〇五年)以来、氏の手を煩わせるのはこれで三度目になる。氏との奇しき縁を感じずにおれない。適切なる編集と支援にあらためて衷心より感謝申し上げる次第である。

二〇一〇年一月　訳者記す。

著 者

エドワード・ハッセイ（Edward Hussey）

英国のギリシア古典学者．1942年に生まれる．プライズ・フェロー（1962-69年），リサーチ・フエロー（1969-2007年）として，45年にわたりオックスフォード大学のオールソウルズ・カレッジで研究生活を送り，2007年の退職後も同地で教育・研究に従事している．本書の他，*Aristotle's Physics: Book III and IV,* Oxford 1983 などの仕事がある．

訳 者

日下部吉信（くさかべ よしのぶ）

1946年に生まれる．1969年立命館大学文学部哲学科卒業．1975年同大学大学院文学研究科博士課程満期退学．1987-88年，1996-97年ケルン大学トーマス研究所客員研究員．2006-07年オックスフォード大学客員研究員．現在，立命館大学文学部教授．著書：『西洋古代哲学史』（昭和堂，1981年），『ギリシア哲学と主観性――初期ギリシア哲学研究』（法政大学出版局，2005年），編訳：『初期ギリシア自然哲学者断片集』1～3（ちくま学芸文庫，2000-01年），訳書：A. トレンデレンブルク『カテゴリー論史』（松籟社，1985年），K. ボルマン『パルメニデス――断片の研究』（法政大学出版局，1992年）．

《叢書・ウニベルシタス　934》
プレソクラティクス――初期ギリシア哲学研究

2010年4月20日　初版第1刷発行

エドワード・ハッセイ
日下部吉信訳
発行所　財団法人　法政大学出版局
〒102-0073 東京都千代田区九段北3-2-7
電話03(5214)5540 振替00160-6-95814
組版：海美舎，印刷：平文社，製本：ベル製本

ISBN 978-4-588-00934-1

索　引

ア　行

愛
　パルメニデスの宇宙論における　179
愛と争い（エンペドクレスの）　180-183
アキレスのパラドックス　143-144
アクウスマタ　85, 89
アクラガス　83, 95
アッシリア　4
アッティカ悲劇　158, 161, 169
アテナイ（知的中心地としての）　161, 171-174, 184
アトム（原子）　199-205
アナクサゴラス（クラゾメナイの）
　宇宙論　184-195
　幸福に関して　194
　人生　161, 184
　知識に関して　154
　ヌース　190-194
　物質論　185-190
アナクシマンドロス（ミレトスの）　18, 19, 25-34
　なぜ大地は同じ場所にとどまるのかという問題に関して　32
アナクシメネス（ミレトスの）　18, 34-36
アブデラ，アブデラ市　195
アペイロン　21
　→「無限なるもの」
アリストテレス（哲学史家としての）　26-27, 209-210
アルキロコス　90, 50
アルクマイオン（クロトンの）　101-104
アルクマン（スパルタの）　39-40
アルファベット　8-9, 11, 81
暗黒の時代（ギリシアの）　2
アンティポン（アテナイの）　171, 172
イオニア，イオニア人　2
　前6世紀の　41-42, 83
　前8世紀と前7世紀の　3, 4, 11-12
医学，医術
　エジプトの　7
　初期ギリシアの　101-105, 166
一神教
　前6世紀ギリシアの　4-16
　ヘブライおよびイランの　7, 15-16, 31
イビュコス（レギオンの）　84
意味の問題　116-118, 163-164
イランの宗教　→ゾロアスター教
韻文（思想表現のための）　107-109, 111
ヴィトゲンシュタイン，L.　44, 82
永遠と円環運動　104
栄養摂取，栄養摂取理論　103
エウデモス（ロドスの）　210
エジプト　6-7, 209

エスティ ἐστί（パルメニデスにおける） 112-114, 126-127
エピクロス学徒 211
エペソス 42
エリュニス（復讐の女神） 67
エレア，エレア市 42, 107
エンペドクレス（アクラガスの） 95-101, 179-184
「同じものは同じものに」に関して 183, 201-202
生物学的問題に関して 101-104
オプティミズム
知識に関して 20, 45
人間に関して 158-159
音楽
音楽と数 91
音楽の研究 165
音楽におけるハルモニエー 58-60
温と冷（反対のペア） 71-72
→反対

カ 行

懐疑，懐疑的傾向 149-157
懐疑派の哲学者 211
科学とプレソクラティクス 214
学説誌，学説誌家 211
語る科学 159
カナン人 6
貨幣 4, 138
川（ヘラクレイトスの断片中の） 74-76
感覚，感覚知覚
そのメカニズム 103-104, 157
知識の源としての 48-49, 120, 149-157
幾何学 5, 90-91, 165
キュロス（ペルシア大王） 41
ギリシアにおける政治的発展 2, 8, 9-11, 16-18, 41-42, 158, 161
緊張（ヘラクレイトスにおける）
→振動と緊張
近東 3-8
ミレトスの哲学者への影響 37-40
寓意，寓意的解釈 84, 110
空間，空虚 198-199
空気
アナクサゴラスにおける 188, 191
アナクシメネスにおける 35-36
ヘラクレイトスにおける 70-73
→四元素
クセノパネス（コロポンの） 14-16, 42, 50, 56-57, 169
クラシス（混合） 102-103, 170, 180-181
クラゾメナイ 184
クラチュロス 75-76, 163-164, 208
クレメンス（アレクサンドリアの） 212
クロイソス（リュディアの王） 41
クロトン 83, 86, 101
芸術
暗黒の時代の 2
近東の影響 2-4, 6, 8
前6世紀と前5世紀の発展 92, 105, 158, 169
ケノン（空虚） 198
原子論者たち 195-205

→レウキッポス，デモクリトス
後期のソピストたち　163
構造　46, 57-59, 105
呼吸，呼吸の問題　103
穀粒のパラドックス　146
コスモス　22-23
ゴルギアス（レオンティノイの）　150, 158, 161-162
混合酒 κυκεών（ヘラクレイトスの断片中の）　74-75

サ　行

サモス　11, 84
サンクニアトン　38, 40
算術（数論）　5, 90-91, 165
散文，散文による著作　108
詩（初期ギリシアの）　8-9
自然学者たち（ピュシオロゴイ）　26
湿と乾　71
　→反対
シャーマニズム　4, 89, 98- 99
十分な理由の原理　22, 33, 128
シュバリス　83-84
シュンウシア　164
蒸発　72-73, 76
消滅 ὄλεθρος　128-129
抒情詩（初期ギリシアの）　9
諸星　77, 78, 93-94
神学
　イランの　7, 15
　エウデモスの神学史　210
　近東の　4 - 7, 15
　クセノパネスの　14-16
　ヘシオドスの　13-15
　ヘラクレイトスの　46-48, 62-67
　ミレトスの哲学者の　19
振動と緊張（ヘラクレイトスにおける）　60, 62, 67-68
『神統記』（ヘシオドスの）　13-14
新プラトン派の学者　107, 211-212
シンプリキオス　107, 140, 141, 143, 212
心理学（人間の）169
人類史（人間の歴史と進歩の説明，シケリアのディオドロスの）　166-168, 194
睡眠　77, 78
数学
　エウデモスの数学史　210
　初期ギリシアの　90-93, 165
　バビロニアの　5, 39, 90-91
数神秘学　90-93
数論　→算術
スキュタイ，スキュタイ人　4
スタディオンのパラドックス　143-144
ステシコロス（ヒメラの）　84
ストア，ストア学徒　36, 42, 211
スペルマ（種子）　103
正義（宇宙的）
　アナクシマンドロスにおける　30-31
　パルメニデスにおける　109-111, 122
　ヘラクレイトスにおける　66-67
　→法
政治論　163, 169-172
精神療法　165
生成 γένεσις　128
生殖

生殖の問題　103
動物の生殖，生殖のアナロジー　24, 28-29
生物学（西ギリシアにおける）　101-104
生物学的アナロジー（宇宙論における）　24, 28-29, 33, 36, 180-184
生命
生命と空気　36
生命と火　77-78
生命と水　24
生命（生物）の起源　33, 166-168
生理学　103-104
ゼノン（エレアの）　107, 139-146, 148
ゼノンの影響　149-153, 175, 185-186, 196-198, 199-201, 208-209
セリヌス　83
ソクラテス　1, 151, 153, 161, 162-163, 173
ソピスト
その概念　159
ソピストの時代　149-174
ゾロアスター，ゾロアスター教　7-8, 37

タ　行

大地
大地の形　32-33, 94
なぜ大地は同じ場所にとどまるのか　32
大年（宇宙の周期）　73, 92
太陽　76, 93, 94, 153, 184
魂（プシュケー）　36, 77-79, 88-89, 95-96
魂の身体からの分離　104
魂の転生　88-89, 95
卵（宇宙的）　29
ダレイオス（ペルシア大王）　7
タレス（ミレトスの）　18, 23-25
知恵（ヘラクレイトスの）　47-52
知識の体系化　165
知識の問題　42, 45-52, 149-158
月　78, 93, 94
テアゲネス（レギオンの）　84, 110
ディオゲネス（アポロニアの）　175, 195
ディオゲネス・ラエルティオス　70
ディオドロス（シケリアの）　166-168, 194
ディケー　→正義
ディネー（渦，旋回運動）　28, 29, 191, 202-203
テオプラストス（エレソスの）　25, 26, 27, 209, 210, 211
テクネー　158
テクメリオン（証拠）153
デモクリトス（アブデラの）　195-205
政治論　172
知識に関して　154-157
デン δέν とメーデン μηδέν　197
天文学
初期ギリシアの　39, 84, 93-94, 165, 210
バビロニアの　5-6, 39, 93-94
トゥキュディデス　157, 165, 169, 173
道教　101
時（神としての）　30-31, 67
ドキモース δοκίμως　138

都市国家精神　8, 12
トラキア　4
トラシュマコス　163

ナ　行

『七について』 182
西ギリシア　83-84
　西ギリシアの哲学者　83-106, 175-184
人間の研究（ソピストの時代の） 153, 166-174
人間の社会，その研究　169-173
ヌース（精神）
　アナクサゴラスの　190-194
　エンペドクレスの　182
脳，脳の役割　104
ノモスとピュシス　170 -172

ハ　行

バビロニア　4-6
　バビロニアの宇宙論　6, 38
　バビロニアの数学　90-91
　バビロニアの天文学　5-6, 39, 93-94
パルメニデス（エレアの） 101-105, 107-140, 176-179
　パルメニデスとエンペドクレス 179-184
　パルメニデスの影響　149-150, 179, 185, 196, 208
『パルメニデス』（プラトンの対話篇） 140, 145
ハルモニエー ἁρμονίη　57-62, 102
反対，「反対のもの」（宇宙的な） 25-26, 29-30, 70-73
反対の統一，反対の同一性　55-61
比　54, 91, 105
火（ヘラクレイトスにおける） 64, 68-74, 78
　→四元素
ヒッピアス（エリスの） 158, 161, 162
ヒッポクラテス（キオスの） 91
ヒッポクラテス（コスの） 152, 157
『ヒッポクラテス集典』 152, 157
ヒッポリュトス（ローマの） 212
飛矢のパラドックス　145-146
ピュシス（本性） 46
ピュタゴラス（サモスの） 4, 50, 83-94
ピュタゴラス学徒，ピュタゴラス派，ピュタゴラス教団
　初期（前 450 年以前）の　85, 86-90
　後期の　90, 92, 175-176, 199, 208
ピロラオス　212
ヒンズーの経典　29, 78
ピンダロス　20
フェニキア，フェニキア人　5, 9, 11
　フェニキア人の宇宙生成論 38
プシュケー　36
　→魂
『二通りの論』 150-151, 156
物質
　アナクサゴラスの物質論 134-190
　その概念　26
プュリギア，ピュリギア人　4
プラトン
　プラトンとクラチュロス　75,

208
プラトンとピュタゴラス学徒
176, 208
プラトンとプレソクラティクス
208-209
『古い医術について』 152, 153
プルタルコス 78, 212
プレステール（竜巻） 69, 72
「プレソクラティクス」 1
プロタゴラス（アブデラの） 151, 157, 158, 161
プロディコス（ケオスの） 163
文学批評 164
文法 164
並動のパラドックス 146
ヘーゲル，G. W. F. 213
ヘカタイオス（ミレトスの） 50, 87
ヘシオドス 13-14, 50
ヘラクレイトス（エペソスの） 41-82, 108, 120-121
ペラス，ペイラス（限界） 21, 131, 144
ペルシア，ペルシア人 7, 41
ペルシアの宗教 7, 15, 37, 38
ペレキュデス（シュロスの） 39, 40, 108
弁論， 弁論術（雄弁術） 151, 159-162
法
宇宙的法 16, 20-22, 30-31, 37, 52-53, 64, 66
前 7，6 世紀のギリシアにおける法 10-11
ミレトスの法 18
ポカイア 41
ホメロス，ホメロスの叙事詩 2, 8, 49, 50
ポロス 163

マ 行

マグナ・グラエキア（大ギリシア） 83
→西ギリシア
水
宇宙論における水 23-25
→四元素
ミレトス，ミレトス市 1, 3, 11, 18
ミレトスの哲学者たち 13-40, 108
「無限なるもの」 20-23, 25-29, 30-31, 33-34, 38
メディア人 150
→ペルシア人
メリッソス（サモスの） 150
問答法（ソクラテスの） 151

ヤ 行

弓とリュラ（ヘラクレイトスにおける） 57-60, 67-68
預言者（ヘブライの） 37
ヨブ，ヨブ記 20, 27
四元素（四元素説） 70-72, 179-180, 188

ラ 行

ラスサムラ 6
ランプサコス 184
理性，合理，道理，推理，理由のある根拠 18, 54, 105, 119-120, 149-150, 165, 173-174
『流行病』 153, 157
リュコプロン 164

リュディア，リュディア人　3-4, 11, 41
レウキッポス　195-196
ロゴス（ヘラクレイトスにおける）52-54
→理性
『論理哲学論考』（ヴィトゲンシュタインの）44

ワ　行

惑星　93

研究ノート

プレソクラティクス関係の古代テキストの標準的な蒐集は H. Diels, *Die Fragmente der Vorsokratiker* (Berlin, 1st edn., 1903; 5th and subsequent edns., ed. by W. Kranz, 1934-7, 1951-2 & c.) である。この後者の版（実質的な改訂を施した最後の版は第6版 , 1951-2）から本書は通常 Diels-Kranz ないし DK という呼び方で言及されるようになった。必要に応じて異なる版が使用される場合は例えば DK^7 というように指示される。

Diels-Kranz は大雑把な年代順に個々の哲学者を並べ，それぞれの哲学者にナンバーを割り振っている。各哲学者に関係するテキストはA - テキストとB - テキストに分かれる。A - テキストは伝記的記事と他の人によるその哲学者の思想の説明である。B - テキストはその哲学者の著作からの真正断片である。(また時には疑わしい断片や偽作断片を含むCの項目も設けられている。それはまた疑わしい関連しか有さない他のテキストも含む。) Diels-Kranz からの標準的なテキスト引用は DK 22 B 39 というような形でなされる。最初の数は人を指示し，次の数はB - テキストのナンバーである。

Diels-Kranz を使用するに当たっては次のことに留意しておかねばならない。(a) あるテキストが真正断片であるかどうかの判断においてディールスもクランツも必ずしも絶対的に正しかったわけではないということ，(b) A - テキストの蒐集はあらゆる関係資料の完全な蒐集ではないし，またそうあろうとも意図されていなかったということ。

B - テキストはすべてドイツ語訳が Diels-Kranz の各ページの下の部分に与えられている。K. Freeman, *Ancilla to the Presocratic Philosophers*（Oxford, 1948）による英語訳があるが，あまり当てにならない。重要な断片の大多数とA - テキストの多くはバーネット，ガスリー，カーク&レイヴンなどの標準的な著作の中に英訳されている（下記一覧参照)。個々の哲学者に関係するテキストの訳については，各章のノートを参照のこと。

本書においてはプレソクラティクスの断片は常に接頭辞 fr. でもって Diels-Kranz のB - ナンバーで引用されている。他の古代テキストはそれらの著者から直接引用されるか（その場合には当該の著者のスタンダードな引用システムを使用する)，時には Diels-Kranz のA - テキストから引用される。Diels-Kranz への参照は戦後の版による。テキストの訳は必ずしも Diels-Kranz のそれではない。

プレソクラティクスを一般的に取り扱った標準的な文献としては以下の書がある。

J. Burnet, *Early Greek Philosophy* (4th edn., London, 1930)；今日では多くの点で古くなっているが，分かりやすく，かつ刺激的である。

W. K. C. Guthrie, *A History of Greek Philosophy*, Vols. I, II, III (Cambridge, 1962, 1965, 1969)；鋭くはないが，非常に充実しており，良識的である。細部の特殊問題について参考とするのに最適。

G. S. Kirk & J. E. Raven, *The Presocratic Philosophers* (Cambridge, 1957)；出来において一定でない。その最良のところは教えられるところも多く，かつ周到。

E. Zeller, *Die Philosophie der Griechen in ihrer geschichtlichen Entwicklung*, Erster Teil (6th edn., ed. by W. Nestle, Leipzig, 1919-20)；徹底的かつ細心。旧作品の中で最も有益。

以下は一読する価値のある一般的関連書。

E. R. Dodds, *The Greeks and the Irrational* (Berkeley and Los Angeles, 1951).

S. Sambursky, *The Physical World of the Greeks* (London, 1956).

B. Snell, *The Discovery of the Mind* [translated by T. G. Rosenmeyer] (Oxford, 1953).

H. Lloyd-Jones, *The Justice of Zeus* (Berkeley, Los Angeles and London, 1971).

最近の小論文集，大部分は専門的。

D. J. Furley & R. E. Allen, *Studies in Presocratic Philosophy*, Vol. I (London, 1970), II（近刊).

*

以下の各章へのノートではできるだけ最新の英語文献を挙げることにする。専門誌の論文や英語以外の文献への言及は特に言及する価値がある場合にのみなされる。

上掲の文献は各章のノートにおいては著者や編者の名前のみによって指示される。

第 1 章

(1) オリジナル・テキスト（訳）

(a) 初期ギリシア文学

ホメロスの翻訳は多くある。初期抒情詩と哀歌の現存する資料は J. M. Edmonds によるローブの翻訳シリーズの中に，あまり信頼できるものではないが，訳出されている（*Lyra Graeca* I-III; *Greek Elegy and Iambus* I-II)。同シリーズ

におけるヘシオドスはH. G. Evelyn-Whiteによる。

(b) 古代近東のテキスト

Ancient Near Eastern Texts relating to the Old Testament, ed. J. B. Pritchard (3rd edn., Princeton, 1969) の中に広範な精選集が見られる。旧約聖書そのものが古代近東の思想界に多くの光を投げかけている。なかんずくヨブや預言者たちがそうである。

(c) イランとヒンズーのテキスト

The Hymns of Zarathustra, trans. J. Duchesne-Guillemin (M. Henningによるフランス語版からの翻訳) (London, 1952).

Hindu Scriptures, selected, translated and introduced by R. C. Zaehner (London, 1966).

R. G. Kent, *Old Persian* (2nd edn., New Haven, 1953) におけるダレイオスの碑文。

(2) 参考文献

一般的参考書：*The Cambridge Ancient History*, ed. J. B. Bury, S. A. Cook, F. E. Adcock, Vols. I-IV (Cambridge, 1923-6). 最初の2巻は今日では多くの点で古くなっており，いわゆる「第3版」において二つのまったく新しい巻と取り替えられることになっている。このうち，I. E. S. Edwards, C. J. Gadd, N. G. L. Hammond編集の第1巻のパート1と2は出版された (Cambridge, 1970, 1971)。第2巻の多くの章は別々に刊行されている。

この章の問題に関係するその他の文献。

(a) 前10世紀から前6世紀のギリシア文明関係

J. B. Bury, *A History of Greece* (3rd edn., revised by R. Meiggs, London, 1959).

A. Andrewes, *The Greeks* (London, 1967).

A. Andrewes, *The Greek Tyrants* (London, 1956).

A. R. Burn, *The Lyric Age of Greece* (London, 1960).

A. Zimmern, *The Greek Commonwealth* (5th edn., Oxford, 1931).

J. M. Cook, *The Greeks in Ionia and the East* (London, 1962).

T. J. Dunbabin, *The Greeks and their Eastern Neighbours* (London, 1957).

J. Boardman, *The Greeks Overseas* (London, 1964).

J. Boardman, *Greek Art* (London, 1964).

G. S. Kirk, *The Songs of Homer* (Cambridge, 1962).

C. M. Bowra, *Greek Lyric Poetry* (2nd edn., Oxford, 1961).

(b) 古代近東とイラン文明関係

H. R. Hall, *The Ancient History of the Near East* (9th edn., London, 1936).

A. H. Gardiner, *Egypt of the Pharaohs* (Oxford, 1961).

O. Neugebauer, *The Exact Sciences in Antiquity* (2nd edn., Providence, 1957).
H. Frankfort and others, *Before Philosophy* (London, 1949).
R. C. Zaehner, *The Dawn and Twilight of Zoroastrianism* (London, 1961).
D. Harden, *The Phoenicians* (London, 1962).
(c) その他
D. Diringer, *Writing* (London, 1962).
J. Goody (editor), *Literacy in Traditional Societies* (Cambridge, 1968).
Sir J. Hicks, *A Theory of Economic History* (Oxford, 1969).
M. Bloch, *Feudal Society* (2 vols. trans. L. A. Manyon, London, 1961-2).

第 2 章

ヘシオドスの『神統記』は最近貴重な序説と注を伴った校訂版が M. L. West によって公刊された (Oxford, 1966)。クセノポンと彼の神学および他のプレソクラティクスの神学については W. Jaeger, *The Theology of the Early Greek Philosophers* (Oxford, 1947) を参照。イランの宗教とゾロアスターについては第 1 章のノート参照。また J. Duchesne-Guillemin, *La Religion de L'Iran Ancienne* (Paris, 1962)。この時代のヘブライの宗教思想に対してはヨブ記と初期預言者の書が有益である。

ミレトスの哲学者たちについては，ノートの導入部の中で言及されている書以外に，C. H. Kahn, *Anaximander and the Origins of Greek Cosmology* (New York, 1960) 参照。

近東の影響の問題全体は M. L. West, *Early Greek Philosophy and the Orient* (Oxford, 1971) の中で論じられている。この作品は多くの有用な証言集を含む。才気煥発，時には説得的であるが，しかし近東のプレソクラティクスへの影響を過大視しすぎている。フェニキアの宇宙生成説に対しては，本書内の言及箇所を参照のこと。

初期ギリシア天文学：D. R. Dicks, *Early Greek Astronomy to Aristotle* (London, 1970)。良書ではあるが，初期プレソクラティクスに関しては独断的にすぎる。また C. H. Kahn, 'On Early Greek Astronomy', in *Journal of Hellenic Studies* 90 (1970), 99-116 参照。

初期ギリシア数学：有用な証言がほぼ全体的に欠如しているために十分な解説は存在しない。(Sir T. L. Heath による標準的なギリシア数学史は前 400 年以前に対しては十分批判的でない。) Neugebauer の中にいくつかの示唆的な所見が見られる（第 1 章のノート参照)。

ペレキュデスとアルクマンについては，M. L. West, *Early Greek Philosophy and the Orient*, chs. 1, 2 参照。また *Classical Quarterly*, 57 (1963), 154-76 参照。

第 3 章

ヘラクレイトスの断片は，すべてのプレソクラティクスのそれと同様，本書においては Diels-Kranz から引用されている。M. Marcovich による（注と英語訳を伴った）断片の新しい版があるが，そのナンバー付けは違っている (Merida, Venezuela, 1967)。この書は後の著者たちのパラフレーズとヘラクレイトス的な仄めかしの蒐集のゆえに貴重であり，それは時として断片のテキストと意味の決定において助けとなる。Bywater の版（Oxford, 1877）もまた，それは今日では差し替えられているが，この点で役に立つ。

G. S. Kirk の欠くことのできない著作 *Heraclitus: the Cosmic Fragments* (Cambridge, 1954；いくつかの本質的な修正を施したリプリントは 1962) は大多数の重要断片に入念な注を加えている。ノートの導入部で挙げた書以外では，H. Fränkel, ‘A Thought Pattern in Heraclitus’, in *American Journal of Philology*, 59 (1938), 309-37 参照。

ヴィトゲンシュタインへの最良の案内書は *Tractatus Logico–Philosophicus* そのものである。訳は D. F. Pears & B. F. McGuinness (London, 1961)。また D. F. Pears, *Wittgenstein* (London, 1971) 参照。

ヘラクレイトスとオリエントの影響：M. L. West, *Early Greek Philosophy and the Orient*, ch. 6 に多くの面白い資料が見られる。West はヘラクレイトスへのオリエントの影響の問題は今日まで一般に受け取られてきたよりもっと真剣な考察がなされるべき問題であると正当に主張している。しかし現下のところではそういった影響が決定的に重要であったとは思われない。あるいはそれがヘラクレイトス哲学の中心問題をよりよく理解させる助けになるとも思われない。

ディオゲネス・ラエルティオスについては第 8 章のノートを参照のこと。ギリシア音楽の harmonie については，I. Henderson, ‘Ancient Greek Music’ in *The New Oxford History of Music*, Vol. I. *Ancient and Oriental Music*, ed. E. Wellesz (London, 1957)。ギリシアの弓については A. M. Snodgrass, *Arms and Armour of the Greeks* (London, 1967)。

第 4 章

この時代の西ギリシア関係：J. Boardman, *The Greeks Overseas* (London, 1964); T. J. Dunbabin, *The Western Greeks* (Oxford, 1948); M. I. Finly, *Ancient Sicily* (London, 1968).

ピュタゴラス：最良の資料研究は W. Burkert, *Weisheit und Wissenschaft* (Nuremberg, 1962)；明晰ではあるが批判性にやや欠ける研究はガスリーの『ギリシア哲学史』第 1 巻に見られる。ピュタゴラス派の「アクウスマタ」を含むギリシア

語テキストは Diels-Kranz 58 C にリプリントされている。シャーマニズムとそれに関係する問題については Dodds を参照。特にその第 5 章。数学，天文学，音楽については第 1 章，第 2 章，第 3 章のノート記載の関係文献参照。中国の道教については J. Needham, *Science and Civilisation in China*, Vol. II (Cambridge, 1969), ch. 10.

エンペドクレス：彼の宇宙論については，第 7 章参照。彼の宇宙論と宗教的信念の関係はいまだ論争中の問題であるが，以下の論文を参照されたい。Guthrie, Vol. II, ch. 3; C. H. Kahn, 'Religion and Natural Philosophy in Empedocles' Doctrine of the Soul', in *Archiv für Geschichte der Philosopie*, 42 (1960), 3-35; J. Bollack, *Empédocle* (Paris, 1965-9); G. Zuntz, *Persephone* (Oxford, 1971).

初期の医学および生理学：十分な専門論文は存在しない。ガスリーのアルクマイオンに関する章（第 1 巻），パルメニデスとエンペドクレスに関する章（第 2 巻）を参照のこと。感覚知覚に関しては Beare と Stratton の書参照（第 6 章のノート）。

第 5 章

パルメニデスの最近の版 L. Tarán, *Parmenides, a Text with Translation, Commentary and Critical Essays* (Princeton, 1965) は必ずしも十分でないが，近代の学者間の見解について多くの情報を含む。主要な問題への最良の案内書は依然として G. E. L. Owen, 'Eleatic Questions', in *Classical Quarterly*, 54 (1960), 84-102 である。（本論文は *Studies in Presocratic Philosophy*, Vol. II の中にリプリントされている。ノートの導入部参照。）A. P. D. Mourelatos, *The Route of Parmenides* (New Haven and London, 1970) は多くの面白い資料を含んでいるが，その議論の取り扱いは納得させるものでない。

序曲に関して：C. M. Bowra, 'The Proem Parmenides', in *Classical Philology*, 32 (1937), 97-112. リプリント版は同じ著者の *Problems in Greek Poetry* (Oxford, 1953) に収められている；W. Burkert, 'Das Proömium des Parmenides und die Katabasis des Pythagoras' in *Phronesis*, 14 (1969), 1-30.

ゼノン：断片の翻訳。H. D. P. Lee, *Zeno of Elea, a Text with Translation and Notes* (Cambridge, 1936). さまざまな議論については，H. Fränkel, 'Zeno of Elea's Attacks on Plurality', in *American Journal of Philology*, 63 (1942), 1-25, 193-206; G. E. L. Owen, 'Zeno and the Mathematicians', in *Proceedings of the Aristotelian Society*, 58 (1957-8), 199-222; G. Vlastos, 'A Note on Zeno's Arrow', in *Phronesis*, 11 (1966), 3-18. 'Zeno's Race Course', in *Journal of the History of Philosophy*, 4 (1966), 95-108; W. D. Ross, Aristotle, *Physics*, Book VI の注（Oxford, 1936）。

ゼノン関係の哲学的議論はおびただしい数にのぼる。ゼノンのパラドックスと

近代の科学哲学の問題に関しては，例えばA. Grünbaum, *Modern Science and Zeno's Paradoxes* (London, 1968) 参照。

第 6 章

翻訳におけるテキスト：『ヒッポクラテス集典』からのこの時代の医学書はローブのシリーズ Hippocrates I-IV, ed. W. H. S. Jones の中に英訳されている。医学的訓練を有さない者にとって最も価値ある書は『古い医術について』『空気，水，場所』『流行病』(I, II)（これらは第 1 巻に含む)，それに『神聖病』(第 2 巻）である。トゥキュディデス：さまざまな訳がある。例えば R. Warner によるペンギン・シリーズ。プラトンの初期の対話篇，特に『プロタゴラス』『ゴルギアス』，それに『国家』第 1 巻はソピストたちと彼らの考え，ならびにソクラテスについて党派的ではあるが輝かしい見解を与えている。これらの対話篇，およびプラトンの『弁明』やクセノポンの『ソクラテスの思い出』はペンギン・シリーズの中に訳されている。G. Vlastos による素晴らしい概説を伴った『プロタゴラス』の英訳が The Library of Liberal Arts series (1956) の中に見られる。クラチュロス，リュコプロン，『二通りの論』を含むその他のソピストたちは Diels-Kranz, Vol. II.

ソピストたちの時代一般：Guthrie, Vol. III. 特定のソピスト：プロタゴラスについては上に挙げた G. Vlastos の概説参照。ゴルギアスについては E. R. Dodds による彼の校訂版 *Gorgias* (Oxford, 1959) に添えられた概説参照。ソクラテスについては G. Vlastos, *The Philosophy of Socrates* (New York, 1971)。トゥキュディデスについて：J. H. Finley, *Thucydides* (Harvard, 1942).

感覚知覚の問題：J. I. Beare, *Greek Theories of Elementary Cognition* (Oxford, 1906); G. M. Stratton (第 8 章のノート参照)；C. Bailey (第 7 章のノート参照)。

道徳，政治，人間社会の本性と歴史：E. A. Havelock, *The Liberal Temper in Greek Politics* (London, 1957) は刺激的ではあるが，一定しておらず，時には空想的なまでに思弁的である。A. W. H. Adkins, *Merit and Responsibility* (Oxford, 1960) は多くの利点を有しているが，概念的な厳格性によって視野を狭められている。Dodds, ch. 6, Lloyd-Jones, ch. 6.

第 7 章

パルメニデスの宇宙論：J. S. Morrison, 'Parmenides and Er', in *Journal of Hellenic Studies*, 75 (1955), 59-68.

エンペドクレスの宇宙システムは最近とみに議論されている。第 4 章のノートに挙げられている文献を参照。また D. O'Brien, *Empedocles' Cosmic Cycle*

(Cambridge, 1969); F. Solmsen, 'Love and Strife in Empedocles' cosmology', in *Phronesis*, 10 (1965), 109-48.『七について』: M. L. West, in *Classical Quarterly*, 65 (1971), 365-88.

前5世紀末期のピュタゴラス派：Guthrie, Vol. I, ch. 4.

アナクサゴラス：G. Vlastos in *Philosophical Review*, 59 (1950), 31-57; C. Strang in *Archiv für Geschichte der Philosophie*, 45 (1963), 101-8. Kirk & Raven と Guthrie の所見への付言。彼はまたこの章で議論されなかった後期小ソクラテス学派に対しても参考とされよう。この章で表現されているアナクサゴラスに関する見解はいくらか M. Schofield との対話に負っている。

原子論者たち：C. Bailey, *The Greek Atomists and Epicurus* (Oxford, 1928); V. E. Alfieri, *Atomos Idea* (Florence, 1953).

第 8 章

アリストテレスの著作は Oxford Translation of Aristotle (12 vol., Oxford, 1908-1952) に英訳されている。生物学的著作に対してはローブのシリーズにおける A. L. Peck の翻訳と貴重なノートが推奨できる。W. D. Ross のギリシア語テキストと注（Oxford, 1924, 1961）がより詳細な研究には欠かせない。

テオプラストスの現存する大きな断片『自然学者たちの教説』は G. M. Stratton によって英訳，ノート，序論を伴った校訂版が刊行されている。*Theophrastus and the Greek Physiological Psychology before Aristotle* (London, 1917; reprint, Amsterdam, 1964).

ディオゲネス・ラエルティオスの『哲学者列伝』は，ローブのシリーズで入手できるが，切り貼り細工の編纂物である。しかしそれは時として（例えばヘラクレイトスの場合などは）テオプラストスから伝わってきた学説誌の伝統の最も充実した版である。

学説誌家の相互関係に関する基本書は H. Diels, *Doxographi Graeci* (Berlin, 1879; reprint, 1929)（ラテン語）である。ディールスの結論の概要は Burnet (33-7) と Kirk & Raven (3-6) に見られる。

哲学史家としてのアリストテレスとテオプラストスの価値と限界に関する重要な疑問については H. Cherniss, *Aristotle's Criticism of Presocratic Philosophy* (Baltimore, 1935; reprint, New York, 1964); J. B. McDiarmid, 'Theophrastus and the Presocratic Causes', in *Harvard Studies in Classical Philology*, 61 (1953), 85-156.（これら両著は重要ではあるが，やや一面的研究である。）; C. H. Kahn, *Anaximander & c.*（第2章のノート参照），pp. 17-24; W. C. Guthrie, 'Aristotle as a Historian of Philosophy', in *Journal of Hellenic Studies*, 77 (1957), 35-41.

プレソクラティクスと科学の関係についての最近の論争：K. R. Popper, 'Back

to the Presocratics', in *Proceedings of the Aristotelian Society*, 59 (1958-9), 1-24 (改訂を伴ったリプリント版は同じ著者の *Conjectures and Refutations* (London, 3rd edn., 1969) と Furley-Allen の中に見られる。)；G, S. Kirk in *Mind*, 69 (1960), 318-39（また in Furley-Allen）；K. R. Popper in *Mind*, 72 (1963), 386-92（さらに充実した形では *Conjectures and Refutations* の中に）；G. E. R. Lloyd in *British Journal for the Philosophy of Science*, 18 (1967), 21-38.